わかりやすい

ひもと

ロープの

結び方

成美堂出版

CONTENTS
もくじ

基本の結びを覚えよう 8

ロープの端にこぶを作る
● 止め結び ･････････････････････････ 08
● 固め止め結び ･･･････････････････････ 09

ロープを他のモノに結ぶ
● ふた結び ･････････････････････････ 10
● 巻き結び ･････････････････････････ 11
● 二重巻き結び ･･･････････････････････ 12
● てこ結び ･････････････････････････ 13

ロープ同士をつなぐ
● はな結び ･････････････････････････ 14
● テグス結び ･･･････････････････････ 15

ロープの長さを調整する
● 縮め結び ･････････････････････････ 16

ロープの端に輪を作る
● もやい結び ･･･････････････････････ 18
● 引き解け結び ･････････････････････ 19

ロープの中間に輪を作る
● 二重止め結び ･････････････････････ 20
● 二重8の字結び ･･･････････････････ 21
● よろい結び ･･･････････････････････ 22
● バタフライ・ノット ･････････････････ 23

1章 キャンプ 24

テントの支柱にロープを掛ける
● 二重8の字結び ･･･････････････････ 26
● 引き解け結び ･････････････････････ 27

グロメットにロープを留める
● 止め結び ･････････････････････････ 28
● 固め止め結び ･････････････････････ 29

石を使ってシートにロープを固定
● 巻き結び／ふた結び ･････････････････ 30

ペグにロープを結ぶ
● 自在結び ･････････････････････････ 32

ペグを石で代用する
● もやい結び ･･･････････････････････ 34
● ふた結び ･････････････････････････ 35

ロープを継ぎ足す
● テグス結び ･･･････････････････････ 36
● 一重継ぎ ･････････････････････････ 37
● 二重継ぎ ･････････････････････････ 38
● 止め継ぎ結び ･････････････････････ 39
● 二重テグス結び ･･･････････････････ 40

ロープの長さを調整する
● 縮め結び 1 ･･･････････････････････ 42
● 縮め結び 2 ･･･････････････････････ 43

木にロープを結ぶ
● もやい結び 1 ･････････････････････ 44
● もやい結び 2 ･････････････････････ 45
● トラッカーズ・ヒッチ ･･･････････････ 46
● ラウンドターン／ふた結び ･････････････ 48
● てこ結び ･････････････････････････ 49
● 杭結び ･･･････････････････････････ 50
● ねじ結び ･････････････････････････ 51

ロープにモノを吊す
- ●よろい結び ・・・・・・・・・・・・・・・・・ 52
- ●クレイムハイスト・ノット ・・・・・・・・・・ 53
- ●バタフライ・ノット ①・・・・・・・・・・ 54
- ●バタフライ・ノット ②・・・・・・・・・・ 55

長いモノを２つの輪で吊す
- ●スペインもやい結び ・・・・・・・・・・・・ 56

薪を束ねて運ぶ
- ●テグス結び／ひばり結び ・・・・・・・・・・ 58

大きな丸太を引っ張る
- ●ねじ結び／ひと結び ・・・・・・・・・・・ 60

バケツで水を汲む
- ●ふた結び ・・・・・・・・・・・・・・・・・・・・ 61

すいかにロープを巻く
- ●二重８の字結び ・・・・・・・・・・・・・・・ 62

丸太を平行に組む
- ●巻き縛り ・・・・・・・・・・・・・・・・・・・・ 64

丸太で二脚を作る
- ●巻き縛り ・・・・・・・・・・・・・・・・・・・・ 66

丸太で三脚を作る
- ●巻き縛り ・・・・・・・・・・・・・・・・・・・・ 68

交差した丸太を縛る
- ●筋交い縛り ・・・・・・・・・・・・・・・・・・ 70

直角に交差した丸太を縛る
- ●角縛り ・・・・・・・・・・・・・・・・・・・・・・ 72

ブランコを作る
- ●あぶみ縛り ・・・・・・・・・・・・・・・・・・ 74

丸太ではしごを作る
- ●てこ結び ・・・・・・・・・・・・・・・・・・・・ 75

犬のリードを柱につなぐ
- ●ふた結び ・・・・・・・・・・・・・・・・・・・・ 76
- ●馬つなぎ ・・・・・・・・・・・・・・・・・・・・ 77

ハンモックを木に結ぶ
- ●二重８の字結び ・・・・・・・・・・・・・・・ 78

2章 山歩き 80

登山用シューズ 靴ひもの掛け方
- ●オーバーラップ ・・・・・・・・・・・・・・・・ 82
- ●アンダーラップ ・・・・・・・・・・・・・・・・ 82

登山用シューズ 靴ひもの締め方
- ●登りのとき ・・・・・・・・・・・・・・・・・・ 83
- ●下りのとき ・・・・・・・・・・・・・・・・・・ 83

靴ひもを結ぶ
- ●二重はな結び ・・・・・・・・・・・・・・・・ 84
- ●はな結び／本結び ・・・・・・・・・・・・・ 85

小物にひもを結ぶ
- ●テグス結び／ひばり結び ・・・・・・・・・・ 86
- ●止め継ぎ結び ・・・・・・・・・・・・・・・・ 88
- ●ひと結び ・・・・・・・・・・・・・・・・・・・・ 89

ロープを樹木などに固定する
- ●巻き結び／ふた結び ・・・・・・・・・・・・ 90
- ●ラウンドターン／ふた結び ・・・・・・・・・ 91

スリングとカラビナ
- ●スリングとは？ カラビナとは？ ・・・・・・・ 92

テープスリングを結ぶ
- ●ふじ結び ・・・・・・・・・・・・・・・・・・・・ 93

スリングとカラビナで支点をとる
- ●ひばり結び ・・・・・・・・・・・・・・・・・・ 94

ロープに手掛かりの輪を作る
●インライン・フィギュアエイト・ノット … 95

スリングをロープに結ぶ
●プルージック・ノット ……………… 96
●クレムハイスト・ノット …………… 97

スリングでハーネスを作る
●ふじ結び ……………………………… 98

ロープをハーネスに結ぶ
●二重8の字結び ……………………… 100

ロープをつなぐ
●止め継ぎ結び ………………………… 102

荷物を吊り上げる
●カラビナを使った結び …………… 103

ツエルトを使って風雨を避ける
●ツエルトの張り方 ………………… 104
●立ち木を利用して張る …………… 105
●支柱を使って張る ………………… 105

シートを使って風雨を避ける
●シートの張り方 …………………… 106

自在金具を使う
●ひばり結び ………………………… 107

接続具やルアーとの結び
●8の字結び ………………………… 114
●クリンチ・ノット ………………… 115
●ユニノット ………………………… 116
●深海結び …………………………… 117
●パロマー・ノット ………………… 118
●漁師結び …………………………… 119
●フリーノット ……………………… 120
●ハリソンズ・ループ ……………… 121

ライン同士の結び
●トリプルエイト・ノット ………… 122
●サージャンズ・ノット …………… 123
●電車結び …………………………… 124
●ループ・トゥ・ループ …………… 125

PEラインとリーダーの結び
●フィッシャーマン・ノット ……… 126

輪を作る結び
●スパイダー・ヒッチ ……………… 127

枝ハリスの結び
●サージャンズ・ノット …………… 128

ウキ止めの結び
●ユニノット ………………………… 129

リールにラインを結ぶ
●ダブルユニノット ………………… 130

ノベ竿のリリアンに結ぶ
●チチワ結び ………………………… 131

3章 釣り (108)

釣りバリの結び
●内掛け結び ………………………… 110
●外掛け結び ………………………… 111
●簡単結び …………………………… 112
●フィンガー・ノット ……………… 113

4章 日常生活 (132)

荷物を縛る基本
●基本的な3つの工程 ……………… 134

荷造りの目的でひもを選ぶ
● 荷造りに使えるひもやロープ‥‥‥‥ 135

荷物を縛る　始端を止める
● 始端止め‥‥‥‥‥‥‥‥‥‥‥ 136
● 二重始端止め‥‥‥‥‥‥‥‥‥ 137

荷物を縛る　交差部の処理
●「の」の字掛け‥‥‥‥‥‥‥‥‥ 138
● 止め結び‥‥‥‥‥‥‥‥‥‥‥ 139

荷物を縛る　末端を結ぶ
● 本結び‥‥‥‥‥‥‥‥‥‥‥‥ 140
● かます結び‥‥‥‥‥‥‥‥‥‥ 141
● 外科結び‥‥‥‥‥‥‥‥‥‥‥ 142
● 垣根結び‥‥‥‥‥‥‥‥‥‥‥ 143

新聞や雑誌、本を縛る
● 手早くまとめる結び方‥‥‥‥‥‥ 144
● 厚い紙の束に手早くひもを掛ける‥ 145
● 大きさの違う本や雑誌をまとめる‥ 146

ダンボール箱や荷物を縛る
● キの字掛け＋外科結び‥‥‥‥‥ 148
● 井の字掛け＋外科結び‥‥‥‥‥ 150
● 柳行李結び‥‥‥‥‥‥‥‥‥‥ 152

壊れ物を梱包する
● 食器類・ガラス製品を保護する方法
　‥‥‥‥‥‥‥‥‥‥‥‥‥‥‥ 154
● 電気機器を保護する方法‥‥‥‥ 155

ふとんの荷造り
● ふとん袋があるとき‥‥‥‥‥‥ 156
● ふとん袋がないとき‥‥‥‥‥‥ 157

重い荷物に持ち手をつける
● 二重止め結び／ふた結び‥‥‥‥ 158

びんやボトルを吊る
● びん吊り結び‥‥‥‥‥‥‥‥‥ 159

荷台のフックにロープを固定
● ふた結び／巻き結び／ひと結び‥‥ 160

荷台に荷物を積む　自転車・バイク
● かます結び‥‥‥‥‥‥‥‥‥‥ 161

荷台に荷物を積む　トラック
● トラッカーズ・ヒッチ‥‥‥‥‥ 162
● 荷物をしっかり固定するには？‥‥ 163

袋の口を縛る
● 粉屋結び‥‥‥‥‥‥‥‥‥‥‥ 164

風呂敷で球体を包む
● 丸包み‥‥‥‥‥‥‥‥‥‥‥‥ 166

風呂敷をバッグにする
● 本結び／止め結び
　‥‥‥‥‥‥‥‥‥ 167

風呂敷で荷物を包む
● 包んでから端を結ぶ方法‥‥‥‥‥ 168
● 風呂敷の端と端の結び方‥‥‥‥‥ 169
● 包んだ後、端を結ばない方法‥‥‥ 170
● 端同士が届かない長いものを結ぶ方法
　‥‥‥‥‥‥‥‥‥‥‥‥‥‥‥ 171

風呂敷でびんを包む
● 風呂敷で1本のびんを包む‥‥‥‥ 172
● 風呂敷で2本のびんを包む‥‥‥‥ 173

2本のびんを縛る
● 本結び／片はな結び‥‥‥‥‥‥ 174

柵を作る　丸太にロープを巻いて作る
● 固め止め結び‥‥‥‥‥‥‥‥‥ 176

柵を作る　丸太に穴を空けて作る
● ロープを穴に通して巻く‥‥‥‥‥ 177

柵を作る 手早く作る方法
- ●巻き結び ・・・・・・・・・・・・・・・・・・・・・・・ 178
- ●てこ結び ・・・・・・・・・・・・・・・・・・・・・・・ 179

垣根を作る 交差部のひもの掛け方
- ●裏十字 ・・・・・・・・・・・・・・・・・・・・・・・・ 180
- ●裏二の字 ・・・・・・・・・・・・・・・・・・・・・・ 181

垣根を作る 組んだ竹を固定する
- ●垣根結び ・・・・・・・・・・・・・・・・・・・・・・ 182

樹木の支柱を作る
- ●角縛り ・・・・・・・・・・・・・・・・・・・・・・・・・ 184
- ●筋交い縛り ・・・・・・・・・・・・・・・・・・・・・ 186

額縁を壁に掛ける
- ●テグス結び ・・・・・・・・・・・・・・・・・・・・・ 188
- ●フックをどこに掛けるか？ ・・・・・・・・・・ 189

フロアマットを編む
- ●円形マット結び ① ・・・・・・・・・・・・・・・ 190
- ●円形マット結び ② ・・・・・・・・・・・・・・・ 191
- ●卵形マット結び ・・・・・・・・・・・・・・・・・・ 192

ストラップの飾りを作る
- ●ローズ・ダイヤモンド・ノット ・・・・・ 194
- ●ボタン結び ・・・・・・・・・・・・・・・・・・・・・ 195
- ●モンキー結び ・・・・・・・・・・・・・・・・・・・ 196

植木鉢をロープで飾る
- ●たが結び ・・・・・・・・・・・・・・・・・・・・・・ 197

ロープスリングを作る
- ●二重テグス結び ・・・・・・・・・・・・・・・・ 202
- ●二重継ぎ ・・・・・・・・・・・・・・・・・・・・・・ 203

テープスリングを作る
- ●ふじ結び ・・・・・・・・・・・・・・・・・・・・・・ 204

シーツをロープ代わりにする
- ●本結び／止め結び ・・・・・・・・・・・・・・ 205

毛布で応急タンカを作る
- ●本結び ・・・・・・・・・・・・・・・・・・・・・・・・ 206

タンカにストラップを取り付ける
- ●ひばり結び ・・・・・・・・・・・・・・・・・・・・・ 207

ロープを投げる
- ●命綱結び ・・・・・・・・・・・・・・・・・・・・・・ 208
- ●投げ綱結び ・・・・・・・・・・・・・・・・・・・・ 209

負傷者を高所から下ろす
- ●腰掛け結び ・・・・・・・・・・・・・・・・・・・・ 210
- ●体を支える方法 ・・・・・・・・・・・・・・・・ 211

縄ばしごを作る
- ●連続8の字結び ・・・・・・・・・・・・・・・・ 212
- ●よろい結び ・・・・・・・・・・・・・・・・・・・・ 213

自分の体にロープを結ぶ
- ●もやい結び／ひと結び ・・・・・・・・・・・ 214

柱にロープを結ぶ
- ●二重巻き結び ・・・・・・・・・・・・・・・・・・ 216
- ●巻き結びの変形 ・・・・・・・・・・・・・・・・ 217

5章 レスキュー 198

人を背負う
- ●登山用スリングを使う ・・・・・・・・・・・・ 200
- ●ロープの束を使う ・・・・・・・・・・・・・・・ 201

包帯を巻く
- ●太さの変わらない
  部位に巻く・・・・・・・・・・・・・・・・・・・・ 218
- ●太さの変わる部位に巻く ・・・・・・・・・ 219

- ●手の指に巻く・・・・・・・・・・・・・・・・・・・ 220
- ●手の甲に巻く・・・・・・・・・・・・・・・・・・・ 221
- ●足の指に巻く・・・・・・・・・・・・・・・・・・・ 222
- ●足の甲・足の裏に巻く・・・・・・・・・・・・ 223
- ●ひざ・ひじの関節に巻く・・・・・・・・・・・ 224
- ●止血のしかた・・・・・・・・・・・・・・・・・・・ 225
- ●包帯の種類・・・・・・・・・・・・・・・・・・・・ 225

三角巾での応急手当
- ●足首のねんざ・・・・・・・・・・・・・・・・・・ 226
- ●肩やひじの脱臼・・・・・・・・・・・・・・・・・ 228
- ●頭をケガしたとき・・・・・・・・・・・・・・・・ 229

人力で自動車を牽引する
- ●よろい結び・・・・・・・・・・・・・・・・・・・・ 230

自動車で故障車を牽引する
- ●もやい結び・・・・・・・・・・・・・・・・・・・・ 231
- ●鎖結び・・・・・・・・・・・・・・・・・・・・・・・ 232
- ●ココに注意！ 車の牽引・・・・・・・・・・・ 233
- ●牽引用ロープの注意点・・・・・・・・・・・・ 233

ロープと結びの 基礎知識

なぜ「結ぶ」ことができるのか？・・・・ 234

実用的なよい結びの条件とは？・・・・ 235

ロープの各部の名前を覚えよう・・・・ 236

結びの3要素を覚えよう・・・・・・・・・ 237

ロープの素材と用途・・・・・・・・・・・・・ 238

ロープの構造と各部の名称・・・・・ 240

使用目的に合わせた太さと 長さ、素材・・・・・・・・・・・・・・・・・・・ 241

ロープを正しく安全に使うために・・・ 242

索端止め
《ロープの端がほつれないようにする》
- ●テープで止める・・・・・・・・・・・・・・・・ 244
- ●溶かして止める・・・・・・・・・・・・・・・・ 244
- ●タコ糸で止める・・・・・・・・・・・・・・・・ 245

危険なロープは使用しない・・・・・・・ 246

ロープを長持ちさせる保管方法・・・・ 247

ロープをまとめる
《細く短いロープの場合》
- ●シェル・コイル・・・・・・・・・・・・・・・・・・ 248

《長いロープの場合》
- ●ファイヤーマンズ・コイル・・・・・・・・・ 249
- ●フィッシャーマンズ・コイル・・・・・・・・ 249

《さらに長いロープの場合》
- ●折り返してまとめる方法・・・・・・・・・・ 250
- ●棒結び・・・・・・・・・・・・・・・・・・・・・・・ 251
- ●えび結び・・・・・・・・・・・・・・・・・・・・・ 252

本書の使い方

◆ロープをスムーズに結べるようになるには、練習あるのみです。「結びの基本」（⇒Ｐ8～23）には比較的簡単にでき、またさまざまな状況で使える結び方を紹介しました。まずはこれらを習得することをおすすめします。

◆本書では、「キャンプ」「山歩き」「釣り」「日常生活」「レスキュー（緊急時）」と状況別に結び方を紹介しています。ロープを使用する状況に応じて、適切な強度や長さのロープを用意する必要があります。P234以降で解説する「ロープと結びの基礎知識」を参考にし、安全性を必ず確認してください。

止め結び
Overhand Knot

ロープの端にこぶを作る 1

最も簡単な結び。ロープにこぶができるので、持ち手にしたり、他の結びと組み合わせてストッパーにしたりと用途が多い。

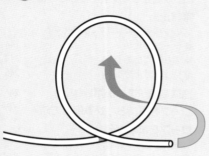

結び目を作りたい位置で輪を作る。

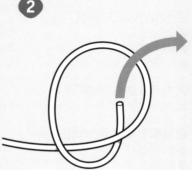

輪にロープの先端を通す。

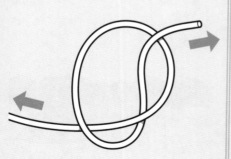

両方から引っ張って結び目を締める。

形を整えて完成。

固め止め結び
Double Overhand Knot

ロープの端にこぶを作る 2

「止め結び」の輪に通す手順を1回増やして、大きなこぶを作る。「止め結び」よりも強度が高くなる。

1

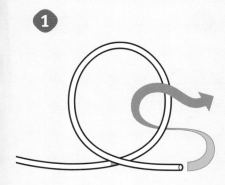

結び目を作りたいところに輪を作り、できた輪に先端を通す。

2

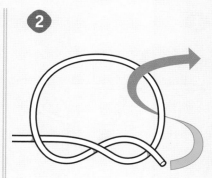

同じ方向からもう一度輪に通す。

3

両側から引っ張って、結び目を締める。

4

巻き数が増えることで強度が高まる！

「止め結び」よりほどけにくい大きな結び目ができる。

ふた結び
Two Half Hitches

ロープを他のモノに結ぶ 1

「ひと結び」を2回繰り返す簡単な結び。強度が増すため、使う場面は多い。滑りやすいロープでは端に「止め結び」をするとよい。

1

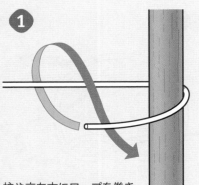

柱や立ち木にロープを巻き付け、下から元にからませてできた輪に先端を通す。

2

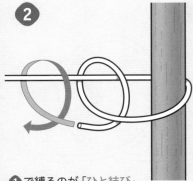

①で縛るのが「ひと結び」。もう一度同じようにからませて先端を通す。

3

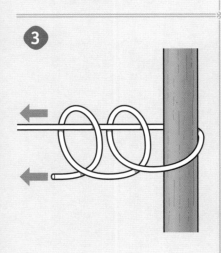

両側から引いて結び目を締める。

4

簡単な結びなので汎用性がある。

止め結び

端に「止め結び」をするとストッパーになる。

止め結び ➡ P8

巻き結び
Clove Hitch

ロープを他のモノに結ぶ 2

簡単に結べて強度も高い実用的な結び。アウトドアでは使う場面がよくある。滑りやすいロープの場合、端で「止め結び」をしておくとほどけにくい。

1

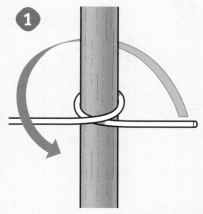

立ち木などにロープを1回巻き付ける。

2

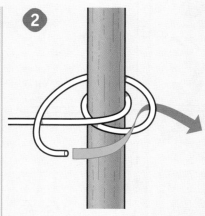

もう1周巻いてから、図のようにロープを通す。

3

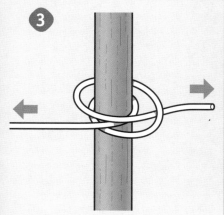

元と先端を引いて締める。

4

形を整えて完成。

二重巻き結び
Double Clove Hitch

ロープを他のモノに結ぶ 3

「巻き結び」の巻き付けを2回にすることで、強度を高めた結び。
洗濯物を干すロープなど重量がかかるものでもなかなかほどけない。

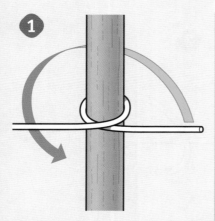

柱や立ち木にロープを巻き付けて、先端を張ったロープの下に持ってくる。

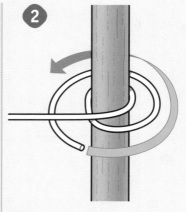

最初に巻き付けたロープの上からもう一度1周させる。

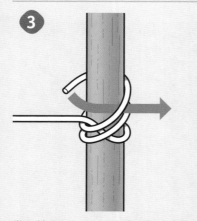

巻き付けたロープと丸太の間に先端を通す。

2本の巻き付け部分を寄せながら、両側から引っ張る。

てこ結び
Marlinespike Hitch

ロープを他のモノに結ぶ 4

短時間で非常に簡単にモノに結べる。ちょっとロープを張りたいときなどに便利。ほどけやすい場合、端を「止め結び」で補強しよう。

1

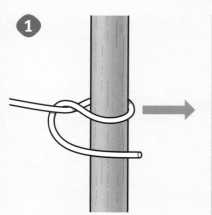

杭や立ち木に図のように巻き付け、輪になった部分を右に引く。

2

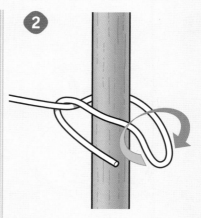

輪を矢印のように回転させて端に輪を作る。

3

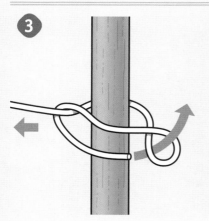

❷でできた輪にロープの端を通す。

4

両端を引っ張って締める。先端が抜けないように十分に出しておく。

止め結び ➡P8

はな結び
Bow Knot

ロープ同士をつなぐ 1

「蝶結び」とも呼ばれる。簡単にほどけて強度もあるので、靴ひもを結ぶのに使われる。

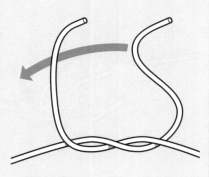

ロープの端通しを図のように巻き付ける。

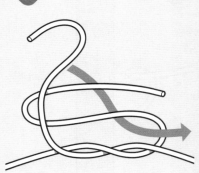

一方を折り返し、できたすき間にもう一方を矢印のように通す。

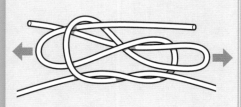

輪の部分を左右に引っ張る。端に余裕がないと抜けてしまうので注意。

先端が抜けないようにバランスを整えながら、結び目を締める。

テグス結び
Fisherman's Bend

ロープ同士をつなぐ **2**

ロープを継ぎ足すのに使う。滑りやすいものや、太さの違うものにも使える。

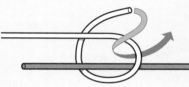

ロープの端を並べて一方の端をもう一方に1周巻いて「止め結び」をする。

結び目を締める。もう一方の端も他方に巻く。

もう一方も同様に「止め結び」をする。

端を引いて締める。

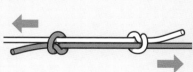

元同士を引いて締める。結び目を近づける。

両方の「止め結び」がくっついた状態になって完成。

止め結び ➡ P8

縮め結び
Sheepshank

ロープの長さを調整する 1

ロープを切断することなく縮めたいときに使う。ロープの傷んでいるところをカバーするときにも使える。

1

結びを作りたいところで2回折り返し、その近くに輪を作る。輪の交差部の上下関係に注意する。

2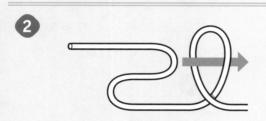

輪に折り返した部分を通す。

3

結び目を押さえながらロープを左右に引いて輪を縮める。

4

反対側でも輪に折り返した部分を通して調節しながら輪を縮め、最後に引き締める。輪を作るときに大きすぎないようにすると調節がしやすい。

縮め結び（別パターン）
Sheepshank

ロープの長さを調整する 2

縮め結びの別バージョン。短時間で結べるが、長さの調整が難しい。
最初の輪の作り方に注意しよう。

1

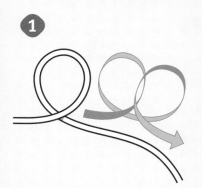

輪を3つ作る。真ん中の輪の大きさが
ロープを伸縮させられる範囲を決める。

2

輪の交差部が互い違いになるように、
真ん中の輪を両側の輪へ通す。

3

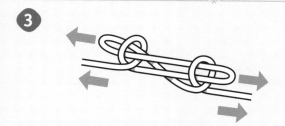

通した輪が抜けないよう
につまみながら、両方か
ら引っ張る。

4

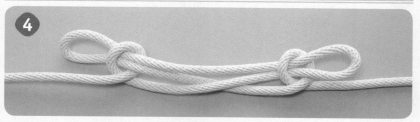

両側からテンションがかかっていれば緩まない。

もやい結び
Bowline

ロープの端に輪を作る 1

船を「もやう」（杭などにロープでつなぎ止める）ときに使うので、この名がついた。非常に用途が広く、特にアウトドアではよく使われる。

 1

ロープの元をつかんで手を矢印のようにひねり、小さな輪を作る。

2

1でできた輪にロープの先端を輪の下から通す。

3

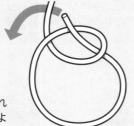

端を輪に入れたら矢印のように通す。

4

ロープを折り返して最初の輪に再び通す。

 5

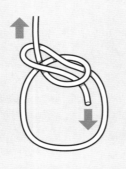

一方の手で端と輪の一部を持ち、もう一方で元を持って引っ張る

6

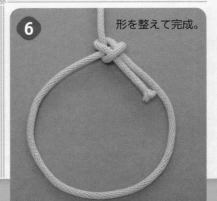

形を整えて完成。

引き解け結び
Slip Knot

ロープの端に輪を作る 2

ロープの元側を引くと簡単に解ける。その分強度は高くないので、使うときは注意が必要。

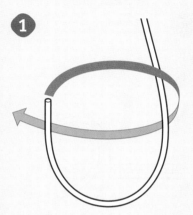

ロープの先端を折り曲げて矢印のように元に巻く。

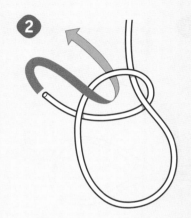

端を曲げて①でできた輪に矢印のように通す。

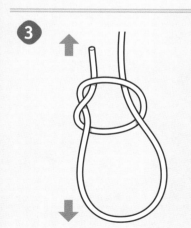

端と輪の部分を引っ張って締める。

形を整えて完成。元を引くことで輪の大きさを変えることができる。

二重止め結び
Overhand Loop

ロープの中間に輪を作る 1

ロープの好きなところに輪を作れる。輪を利用することもできるし、傷んだ部分で輪を作れば、応急処置にもなる。

1

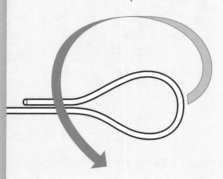

2つ折りした大きさで輪の大きさが決まる

輪を作りたいところを2つ折りにし、図のように先端で輪を作る。

2

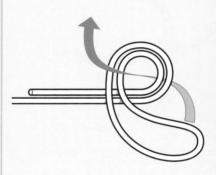

❶でできた輪に2つ折りの先端を矢印のように通す。

3

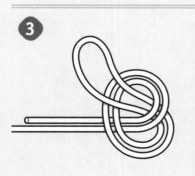

ロープの先端と元を引っ張る。

4

形を整えて完成。

二重8の字結び
Double Figure-Eight Knot

ロープの中間に輪を作る 2

2つ折りにしたロープで8の字結びをする。非常に強度は高い。
ただし、濡れるとほどきにくくなるので注意。

1 輪を作りたいところで2つに折り、その先端を矢印のように動かす。

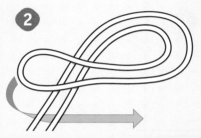

2 輪ができたら交差した部分を押さえながら、先端部を下から折り返す。

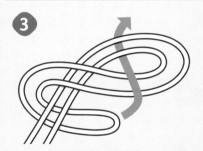

3 交差した部分を押さえながら、先端部を輪の上から通す。

4 できた輪の大きさを調節しながら結び目を締める。

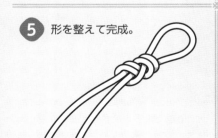

5 形を整えて完成。

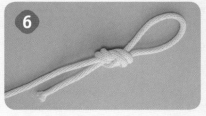

6 簡単に丈夫な輪を作ることができる。

二重8の字結びは2通りの結び方があり、登山の世界では結び方によって呼び名を変えて区別される (→ P101)。

よろい結び
Harness Loop

ロープの中間に輪を作る 3

ロープが張ってある状態でも輪を作ることができる。両側から張ったロープの途中に物を吊り下げたいときに便利。強度は低い。

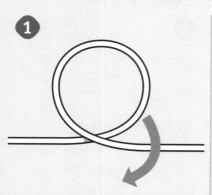

① 輪を作り、交差の後ろ側にある輪の下部を下へずらして、元側のロープの上へ重ねる。

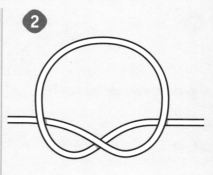

② 輪の下部に小さい空間ができる。

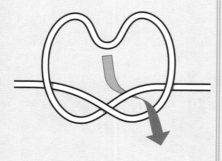

③ 輪の下にできた空間に輪の上部を後ろから通して引き出す。

④ 下にできた輪の大きさを調節しながら、ロープを引っ張って結び目を締める。

バタフライ・ノット
Butterfly Knot

ロープの中間に輪を作る 4

簡単に結べて強度も高い。ただし、ほどけにくいので注意。結び方がいくつかあるが、これが最も覚えやすい。

1

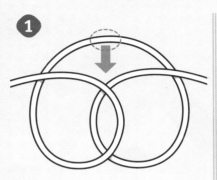

左右対称の輪を2つ作り、中央で半分重ねる。重ね方はどちらが上になってもよい。

2

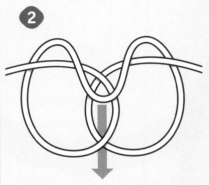

輪の重なりでできた空間に、2つの輪の間にあるロープを上から通す。

3

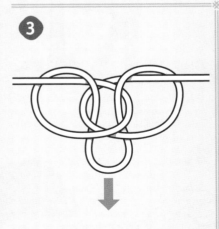

❷で通したロープを引き出して輪を作る。

4

通した輪と結び目を整えながら締める。

1章
キャンプ

テントやタープを立てるとき、
樹木と樹木の間に
ロープを張るなど、
キャンプではロープワークが
とても役立ちます。

P74 ブランコを作る

P44～ 木にロープを結ぶ

P36～ ロープを継ぎ足す

P52～ ロープにモノを吊す

P61 バケツで水を汲む

P78 ハンモックを木に結ぶ

P62 すいかにロープを巻く

P26〜 テントの支柱に
ロープを掛ける

P28〜 グロメットに
ロープを留める

P32〜 ペグに
ロープを結ぶ

P60 大きな丸太を
引っ張る

P75 丸太で
はしごを作る

P58 薪を束ねて運ぶ

P66 二脚を作る

P68 三脚を作る

P70〜 交差した
丸太を縛る

テントの支柱にロープを掛ける 1

ロープの途中に輪を作る結び方。簡単に結べて、強度もある。

1

支柱に掛けるところで2つに折り、その先端を矢印のように動かす。

2

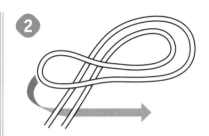

輪ができたら交差した部分を押さえながら、先端部を下から折り返す。

3

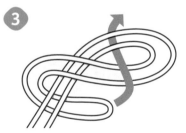

交差した部分を押さえながら、先端部を輪の上から通す。

4

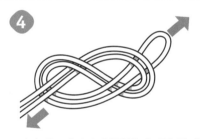

できた輪の大きさを調節しながら結び目を締める。

5

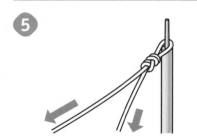

支柱の先端に輪を掛けて、ロープの両端を引っ張って支柱を自立させる。

6 輪の位置と大きさを固定した強い結びとなる。

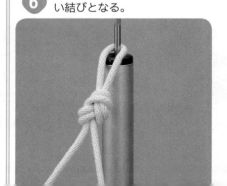

引き解け結び *Slip Knot*

テントの支柱にロープを掛ける 2

結び目を動かして輪の大きさを調節できる。強度は高くないので注意。

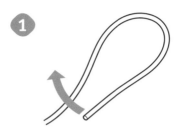

1 支柱の太さに合わせて先端を残して、2つ折りにする。

2 先端を上から交差させて、そこを押さえながら下から折り返す。

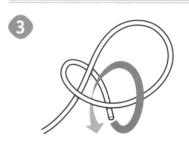

3 最初の輪と折り返した部分でできた空間に、上から先端部を通す。

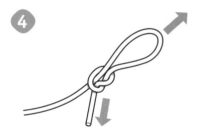

4 できた輪と先端部を引っ張って結び目を締める。

5 支柱の先端に輪を掛けて、ロープを引っ張ると輪が締まる。

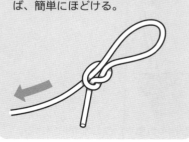

支柱から外してロープを引っ張れば、簡単にほどける。

止め結び *Overhand Knot*

グロメットにロープを留める 1

ロープの先にこぶを作ると、グロメットからロープが抜けない。

1

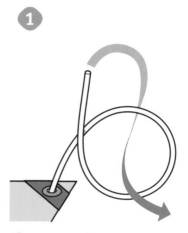

グロメットに通して輪を作る。

2

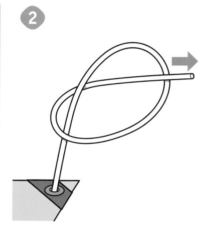

作った輪の反対から先端を通す。

3

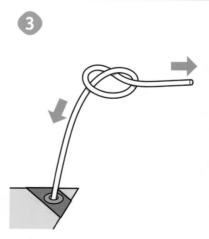

結び目の位置を調整しながら締める。

4

グロメットよりも大きなこぶを作って止める。

固め止め結び *Double Overhand Knot*

グロメットにロープを留める 2

「止め結び」より大きな結び目になる。固く結ぶとほどくのが難しい。

1

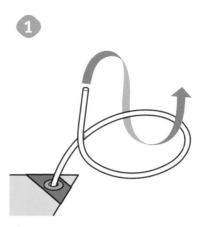

グロメットに通して輪を作り、輪の反対から先端を通す。

2

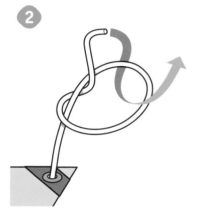

先端を通したら、もう一度からめるようにして輪に通す。

3

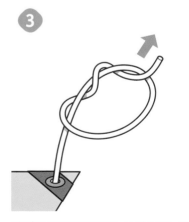

結び目の位置を調節しながら引いて締める。

4

「止め結び」より大きくほどけにくい結び目ができる。

石を使ってシートにロープを固定

石を使えばグロメットがなくてもロープをシートに固定できる。

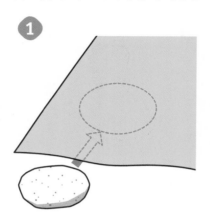

1

角が少なく、表面が滑らかな石をシートの裏に入れる。

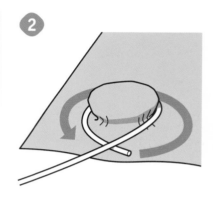

2

ロープを固定するところで石を包み、ロープを1回巻いて下を通してからもう1回巻く。

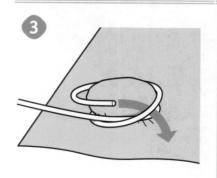

3

2回目に巻いたロープの下から先端を通す。

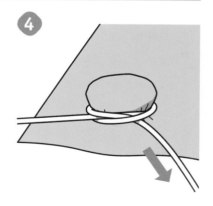

4

先端を引っ張って締める。

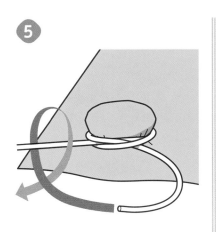

5

端を元に矢印のように巻いて締める。

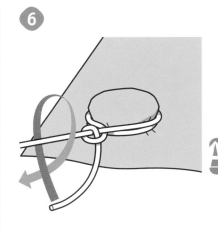

6

結び目を締めたら、もう一度同様に巻いて締める。

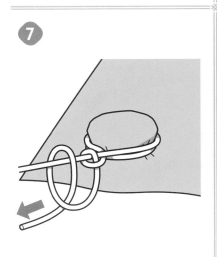

7

結び目を締める。

8

2つの結び目を押し込んでくっつけるとしっかり締められる。

ペグにロープを結ぶ

張った後でも結び目をスライドさせて長さを調整できる。

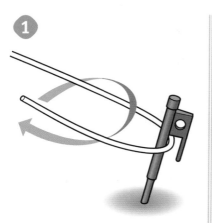

1

先端を長めに残してペグに通す。先端を元にからめてできた輪に先端を通す。

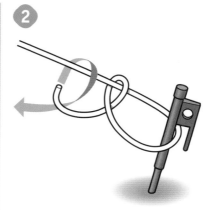

2

❶でからめたところから少し離して輪を作り先端を通す。

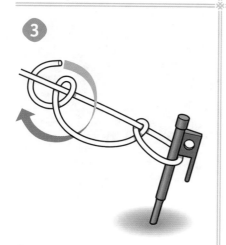

3

❷で作った輪にもう一度先端を通す。

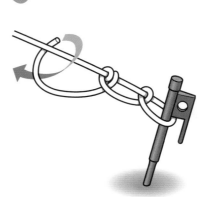

4

新しい輪を作って先端を通す。

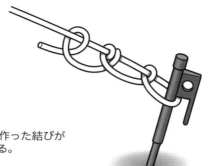

5 先端を引っ張り ❷ ❸ ❹ で作った結びが
1つの塊になるように整える。

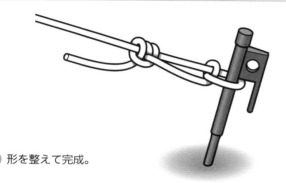

6 形を整えて完成。

長さを調整するときは？

1 張りたいときは1つ目の結び目を
引っ張って、緩んだ分だけ塊の部
分をスライドさせる。

2 緩めたいときは塊の部分を矢
印のほうへスライドさせる。

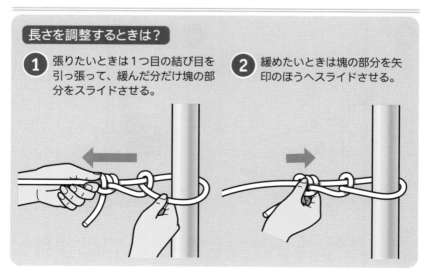

もやい結び　Bowline

ペグを石で代用する 1

張り綱の張り具合は石を移動して調整する。

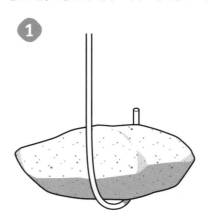

1 安定した形の石を選び、ロープを掛ける。

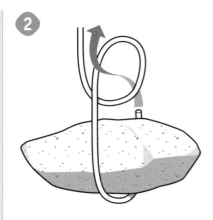

2 元の部分に輪を作って、先端を通す。

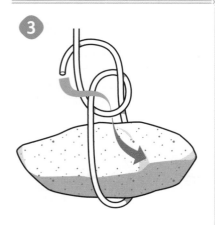

3 元のロープの後ろから回して、もう一度輪に通す。

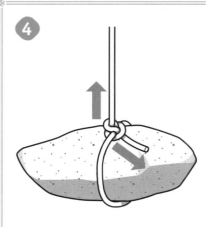

4 両側から引っ張って、結び目を締める。

ふた結び *Two Half Hitches*

ペグを石で代用する 2

石とロープの間にすき間がないように密着させて結ぶ。

1章

キャンプ

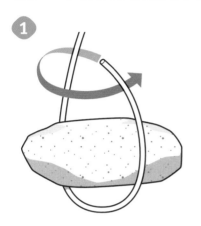

① 石に張り綱を掛けて、矢印のように巻く。

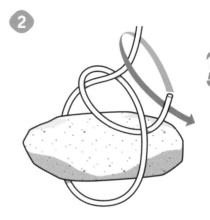

② もう一度、端を元に巻く。

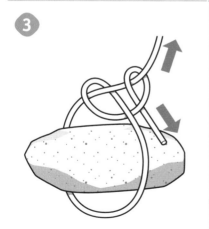

③ 結び目を石に密着させて元と端を引く。

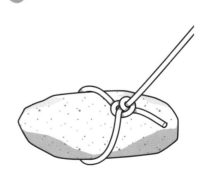

④ 端と元をさらに引いて結び目を締めて完成。

35

テグス結び　Fisherman's Bend

ロープを継ぎ足す 1

一方のロープに止め結びをし、結び目同士をつけて固定する方法。

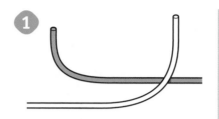

1 2本のロープの端を並べる。

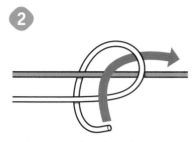

2 一方をもう一方へ巻き付け、できた輪に先端を通す。

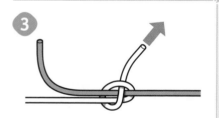

3 先端を引っ張り固く結ぶ。

4 もう一方も同じ方向から巻き付けて、できた輪に通して固く結ぶ。

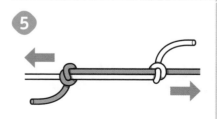

5 両側から引っ張る。

6 結び目同士ががっちりとくっついてほどけにくい。

ロープを継ぎ足す 2

太さの違うロープ同士の継ぎ足しに使える。

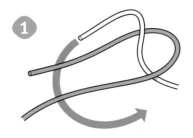

1 ２本のロープの先端を持ち、一方を２つに折り、その間にもう一方を通して後ろからからませる。

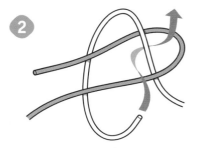

2 からませたロープの先端を手前に持ってきて、矢印のように通して輪を作る。

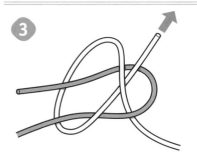

3 輪を作った先端は２つ折りにしたロープの上を通す。

4 ロープが抜けないように注意しながら、４方向から引っ張って結び目を整える。

5 太さや材質の異なるロープでも結ぶことができる。

ロープを継ぎ足す 3

「一重継ぎ」の絡みを増やして高強度にした結び。

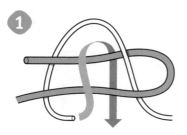

1 太いほうを2つに折り、その間に細いほうを通して後ろからからませ、もう一度巻き付ける。

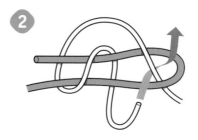

2 細いほうの先端を前に持ってきて、矢印のように通して太いロープの上へ出す。

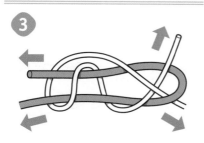

3 4方向へバランス良く引く。

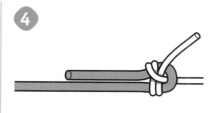

4 結び目の形を整えながら引き締める。

5 より大きな荷重が掛かる用途に適している。

止め継ぎ結び　Overhand Bend

ロープを継ぎ足す 4

太くて滑りにくいロープでも手早くつなぐことができる。こぶも小さい。

1

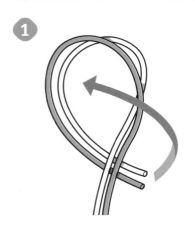

2本のロープを合わせて輪を作る。

2

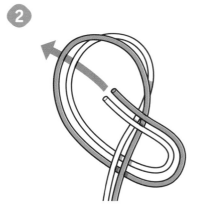

2本の端を輪の中に通す。

章
キャンプ

3

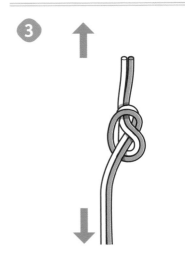

端と元を引っ張って結び目を締める。

4 元と元を引っ張って固く締める。
端は十分な長さをとっておいた
ほうがよい。

ロープを継ぎ足す 5

「テグス結び」から、さらに1回巻いて強度を増した結び。

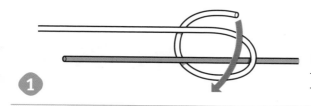

1 2本のロープを並べて一方を図のようにもう一方のロープに巻く。

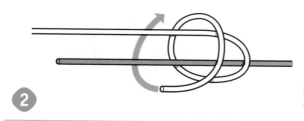

2 矢印のようにもう1周巻く。

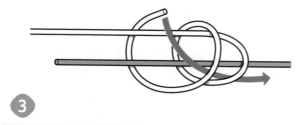

3 輪の中に端を矢印のように通す。通し方に注意。

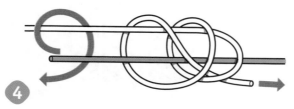

4 端を締める。もう一方を同様に結んでいく。

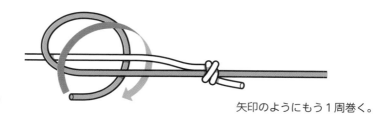

5

矢印のようにもう1周巻く。

6

輪の中に端を矢印のように通す。

7

端を締める。

8

元を引っ張って結び目を寄せていく。

9

「テグス結び」をさらに強度を増した結びになる。

テグス結び ➡P36

ロープの長さを調整する 1

簡単に長さを調整できる結び。左右に引っ張られていればほどけない。

 1

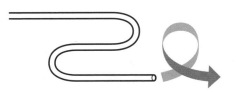

結びを作りたいところで
2回折り返し、その近く
に輪を作る。

2

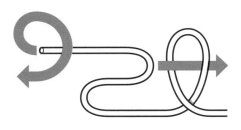

折り返した部分を輪に通
したらロープを左右に引
いて輪を縮める。反対側
にも輪を作る。

3

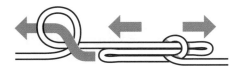

同様にして、2つ目の輪
にもう一つの折り返し部
分を通し輪を縮める。

4 輪を作るときに大きすぎないようにすると調節がしやすい。

42

ロープの長さを調整する ②

「縮め結び」の別の結び方。長さの調整は難しいが、短時間で結べる。

1

輪を3つ作る。真ん中の輪の大きさが
ロープを伸縮させられる範囲を決める。

2

輪の上下に
注意する。

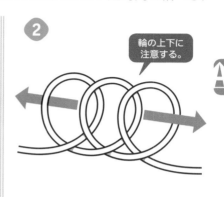

輪の交差部が互い違いになるように、
真ん中の輪を両側の輪へ通す。

3

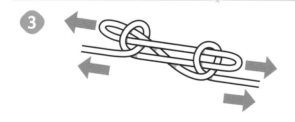

通した輪が抜けないよう
につまみながら、両方か
ら引っ張る。

4 両側からテンションがかかっていれば緩まない。

輪と元をテープなどで止めるとほどけにくくなる。

木にロープを結ぶ ①

最も覚えておきたい野外での結びの1つ。いくつかバージョンがある。

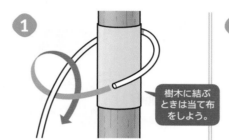

① 木にロープの端を回し、元の下から巻く。

> 樹木に結ぶときは当て布をしよう。

② 図のように、末端を矢印方向に強く引っ張る。

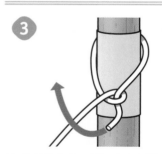

③ 結び目が反転して図のような形になる。

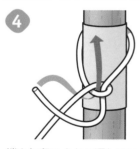

④ 端を矢印のように通していく。

⑤ 端を輪の中に通して締める。

⑥ 先端が抜けないように結び目を押さえながら、手前に引いて締める。

木にロープを結ぶ 2

「もやい結び」の別の結び方。

1

先端を木に巻き、元側のロープを持った手を半分ひねって輪を作る。その輪に元側のロープを通す。

2

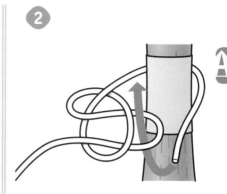

輪を通してできた折り返し部分にロープ先端を下から通す。

3

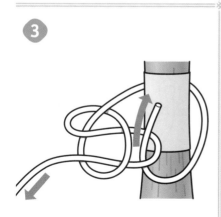

端を引き出す。次に元を矢印の方向に強く引いて結び目を締める。

4

慣れれば短時間で結ぶことができる。

木にロープを結ぶ ③

木と木の間にぴんと張りたいときに使える。

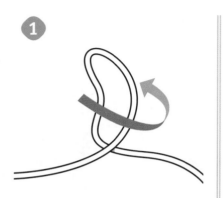

木に巻き付ける部分を十分に残しておき、2つ折りにした部分を2回ねじる。

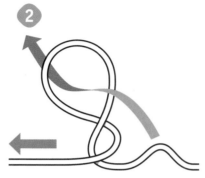

ねじってできた輪に木に巻き付ける側のロープをくぐらせて締める。

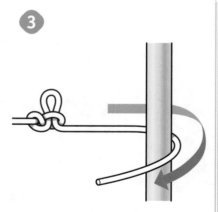

結び目が緩まないように持ちながら、ロープの先を木に巻き付ける。

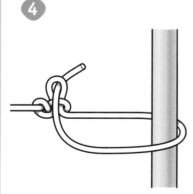

結び目にできている輪に先端を通す。

5

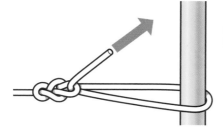

先端を引っ張ってロープを張る。ここで強く引くことでぴんと張ることができる。

6

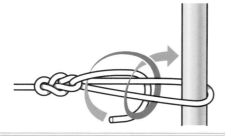

テンションを掛けたまま、1つ目の結び目の隣にもう1つ結び目を作る。

7

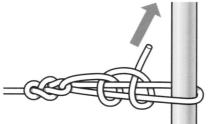

「ふた結び」にして締める。

8

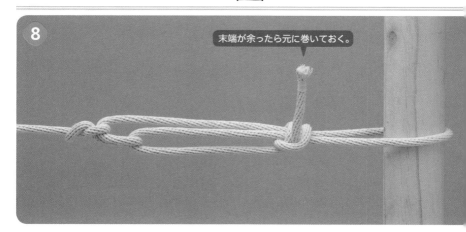

末端が余ったら元に巻いておく。

ふた結び ➡ P10

木にロープを結ぶ 4

木に巻き付けるときに強く引っ張ると強いテンションをかけられる。

1

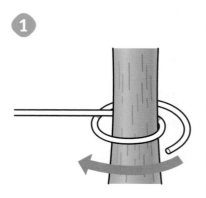

木にロープを2回巻き付ける（ラウンドターン）。2巻き目は1巻き目の上側で巻く。

2

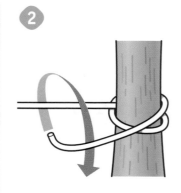

元のロープの下から回して、できた輪に通す。

3

一度結び目をしっかり締めて、もう一度同じように結ぶ。

4

2度目の結び目も締めると、「ふた結び」の形になる。

木にロープを結ぶ 5

テンションがかかっていれば緩みにくい。ほどくのも簡単。

1

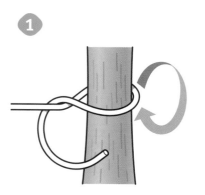

イラストのように木に巻き付けたら、交差を押さえながら、反対側をつまんで1回ひねる。

2

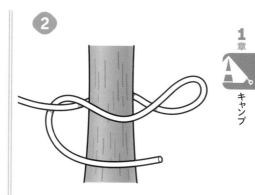

巻き付けるときは緩くして長さに余裕を持たせておくと結びやすい。

3

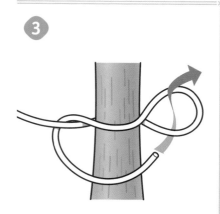

ひねってできた輪に先端を下から通す。

4

端に「止め結び」をすると抜け防止になる。

先端を持ちながら、元側のロープを引いて締める。

止め結び ➡ P8　　**49**

木にロープを結ぶ 6

上からロープが掛けられる杭状の木に結ぶときに使える。

1

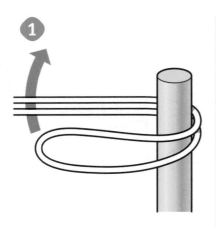

2つ折りにしたロープを、杭などに巻き付け、先端部を元側の下から上にからませる。

2

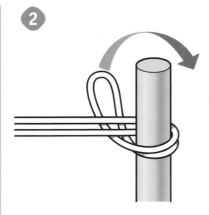

2つ折りの先端部を杭に掛ける。

3

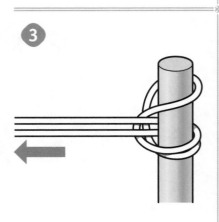

ロープの元側を引っ張って結びを締める。

4

結び目が緩んでも上から抜けなければほどけない。

ねじ結び *Timber Hitch*

木にロープを結ぶ 7

結び方も簡単で強度も高い。端に「止め結び」をすると抜け防止に。

1
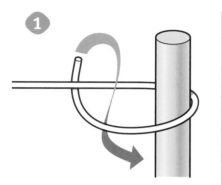

木にロープを1回巻き付けてから下から上へからませ、できた輪の中へ先端を通す。

2
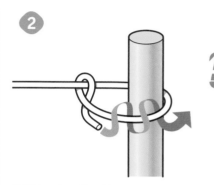

先端をさらに数回輪に通してからませる。

3
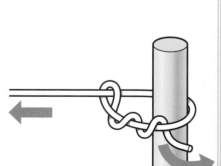

両側から引いて結び目を締める。

4

端で「止め結び」をすると抜け防止になる。

からみが多いのでほどけにくい。

止め結び ➡P8 51

ロープにモノを吊す 1

ロープのどこでも簡単に輪を作れる。モノを吊すときに使える。

1

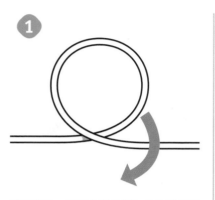

輪を作り、交差の後ろ側にある輪の下部を下へずらして、元側のロープの上へ重ねる。

2

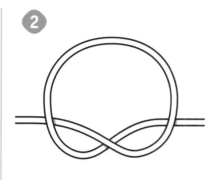

輪の下部に小さい空間ができる。

3

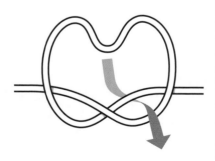

輪の下にできた空間に輪の上部を後ろから通して引き出す。

4 下にできた輪の大きさを調節しながら、ロープを引っ張って結び目を締める。

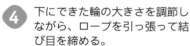

ロープにモノを吊す 2

張力がかかっているときは動かないが、緩めると上下に動かせる。

1

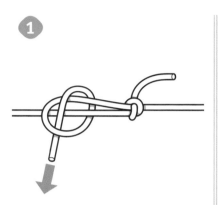

ロープの両端を「テグス結び」などで
つなぎ、輪にする。

2

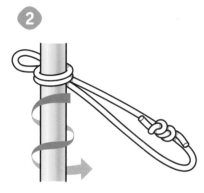

輪の端を残して、タープの支柱などに
数回巻き付ける。

3

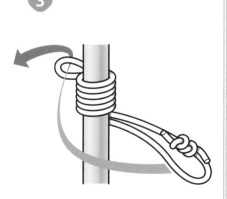

巻き付けた輪の端を、反対の輪に通す。

4

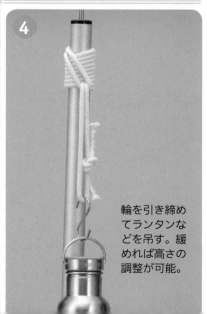

輪を引き締め
てランタンな
どを吊す。緩
めれば高さの
調整が可能。

テグス結び ➡ P15

53

ロープにモノを吊す 3

「よろい結び」などより強度が高く、ほどけにくい。

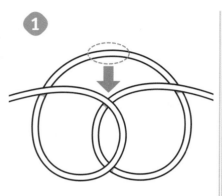

❶ 輪を2つ作り、中央で半分重ねる。どちらが上になってもかまわない。

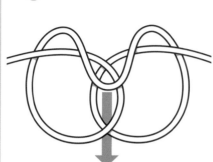

❷ 輪の重なりでできた空間に、2つの輪の間にあるロープを上から通す。

❸ ❷で通したロープを引き出して輪を作る。

 通した輪と結び目を整えながら締める。

ロープにモノを吊す 4

「バタフライ・ノット」の別の結び方。完成形が少し異なる。

1

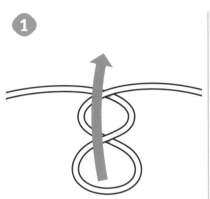

2回ねじって2つの輪を作り、2つ目の輪を上へ折る。

2

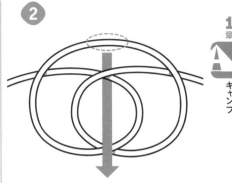

輪の頂点にあるロープを1つ目の輪へ後ろから通す。

3

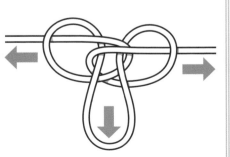

両側のロープと輪を引いて結び目を締める。

4 緩みにくく、ほどきやすい結びができる。

長いモノを2つの輪で吊す

「もやい結び」に似た輪が2つできる。長いものを水平に吊せる。

1

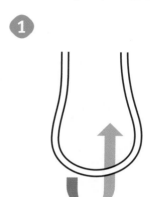

ロープを2つ折りにして、後ろ側へ折る。

2

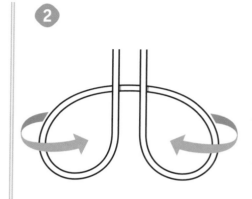

2つの輪ができるので、それらを内側へ半回転させる。

3

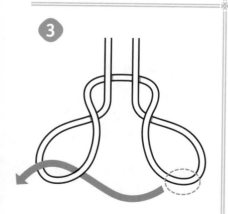

2つの輪を半回転させた状態。ここから一方の輪を、もう一方の輪へ通す。

4

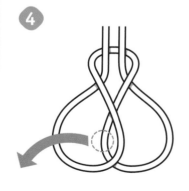

一方の輪を、もう一方の輪に通していく。

⑤

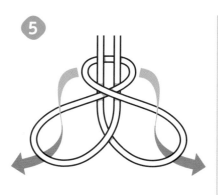

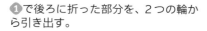

❶で後ろに折った部分を、2つの輪から引き出す。

⑥

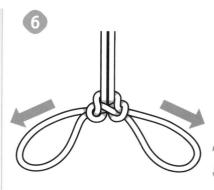

結び目を締める前に必要な輪の大きさになるまで引き出す。

1章

キャンプ

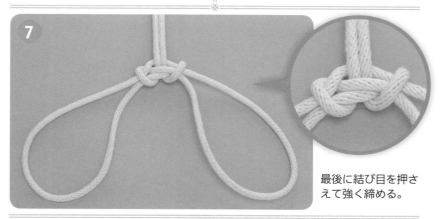

最後に結び目を押さえて強く締める。

丸太や二股のものを吊るす。

薪を束ねて運ぶ

輪にしたロープを薪の束に回して運ぶ方法。

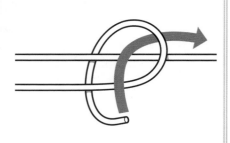

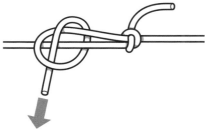

1本のロープの一方の端をもう一方の
端へ巻き付け、できた輪に先端を通す。

もう一方の端も ① と同様に巻き付けて、
できた輪に通して固く結ぶ。

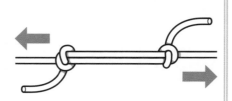

両側から引っ張る。

スリング（輪）の完成。結び目同士が
くっついてほどけにくい。

58

5

薪をまとめてスリングの上に置く。

6

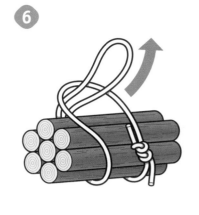

輪の一方の端を、もう一方に通す。

7

薪の束を揃えながら、安定するまで引いて結び目を締めていく。

8

薪に巻き付ける
ロープの間を
広げると、
運ぶときに
ぐらつきが少ない。

張力が掛かっているとほどけない。張力を緩めるとすぐにほどける。

ねじ結び Timber Hitch ／ひと結び Half Hitch

大きな丸太を引っ張る

太くて長い丸太を引きずって運ぶときは、「ねじ結び」と「ひと結び」を使う。長尺ものを引き上げるときも使える。

1

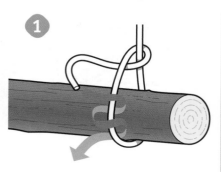

ロープを丸太に巻いてから「ひと結び」にし、先端を何回か輪に通してからませる。

2

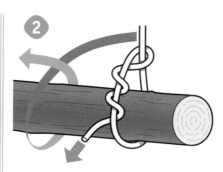

先端を引いて結び目を締め、元側のロープを丸太のもう一方へ巻き付ける。

3

「ひと結び」にしてロープを丸太に固定する。

4

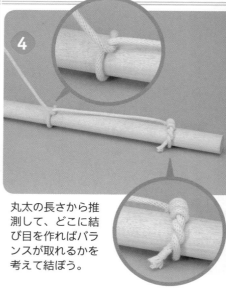

丸太の長さから推測して、どこに結び目を作ればバランスが取れるかを考えて結ぼう。

ふた結び Two Half Hitches

バケツで水を汲む

バケツで沢などの水を汲むときなどに使える。

1

バケツやザックの持ち手にロープを通して、ひと結びする。

2
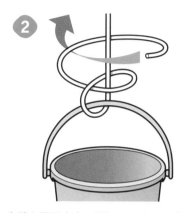

先端を同じ方向へ回して、もう一度ひと結び。

3
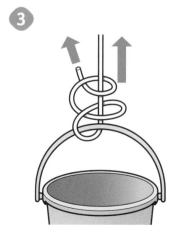

先端を引っ張って結び目を締める。

4
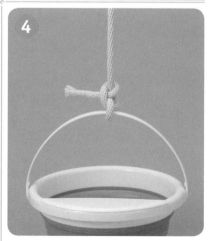

簡単でほどけにくいので、重量があるモノを引っ張り上げるときに使える。

すいかにロープを巻く

2つの輪で球形物を縛る。すいかなどを持つときに使える。

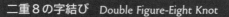

1

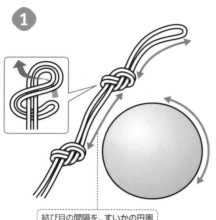

結び目の間隔を、すいかの円周の3分の1の長さを目安に作るとバランスがよくなる。

ロープを2つ折りにして、「二重8の字結び」の要領で2か所に結び目を作る。

2

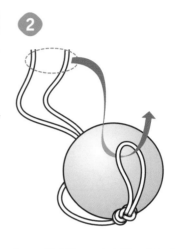

2つの結び目でできた輪の中にすいかを置き、先端の輪にロープの端2本を通す。

3

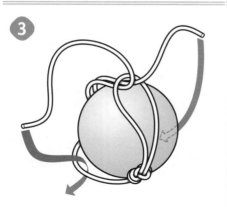

先端を左右に分けて下に折り返す。

4

球を反対側から見たところ

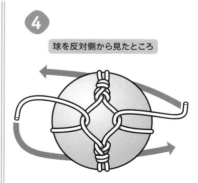

2つの結び目の中間で、先端をロープの下へくぐらせる。

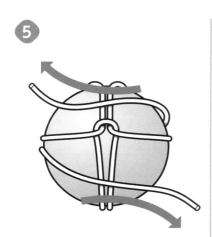

⑤ 先端をもう一度上に持ってきて、すいかの頂点を挟むように水平にする。

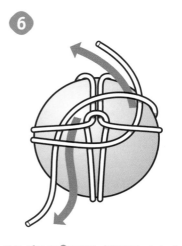

⑥ それぞれを④で下に折り返したときのロープの下に通す。

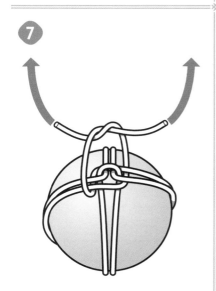

⑦ 全体の形やバランスを整えながらロープを引き締め、先端同士を結ぶ。

⑧ ロープとロープの間隔を調整してバランスを整えて完成。

巻き縛り　*Shear Lashing*

丸太を平行に組む

2本の丸太にロープを巻き付けて固定。テーブルなどの工作に。

1 図のように輪を2つ作って、輪を半分重ねる。

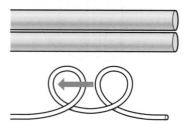

2 輪と輪を重ねてできた🅐に丸太を通す。

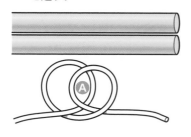

3 端と元を引っ張る。

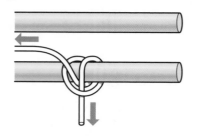

4 これで「巻き結び」の完成。

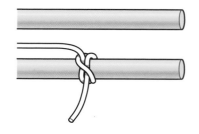

5 端を元にひと巻きする。

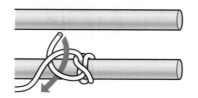

6 「止め結び」が加わることでほどけにくくなる。

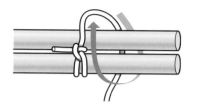

8 ロープが重ならないように巻いていく。1回1回強く引いて締める。

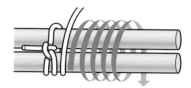

9 端を1本の丸太に巻き付ける。

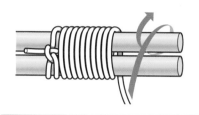

10 巻き付けたロープを寄せる。

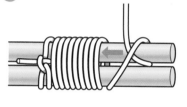

11 さらにもう一度丸太に巻く。

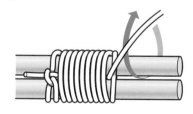

12 端を強く引いて締める。

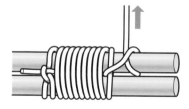

13 形を整えて完成。ロープが余ったら挟んでおく。

巻き縛り　*Shear Lashing*

丸太で二脚を作る

P64-65の方法で丸太を縛った後、割りを入れると二脚にできる。

1

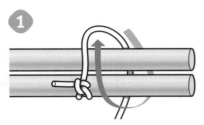

2本の丸太を並べて、P64と同様、「巻き結び」と「止め結び」で止めて、ロープを丸太に巻いていく。

2

脚をきれいに開くにはきつすぎず、緩すぎずの加減が重要。

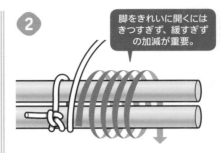

ロープが重ならないように数回巻く。

3

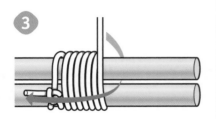

巻いたロープに対してロープを巻く。これを「割りを入れる」という。

4

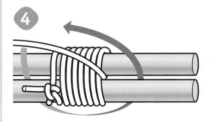

1回割りを入れる。

5

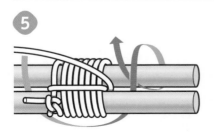

さらにもう1回割りを入れる。

6

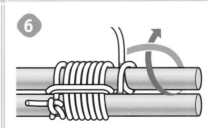

2回ほど割りを入れたら1本の丸太に矢印のように巻く。

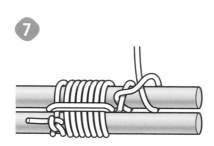

7

もう1周丸太に巻いて「巻き結び」を作る。

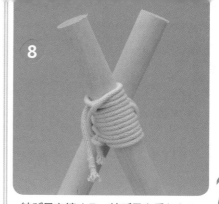

8

結び目を締める。結び目を重ねたロープのほうに寄せる。脚を広げて完成。

丸太とロープで木製工作物にチャレンジ

巻き縛り、角縛りなど丸太を縛る方法をラッシング（縛材法）という。ラッシングを応用すれば、丸太とロープだけで、棚やベンチ、テーブルや調理台などを作ることができる。ぜひチャレンジしてみよう。

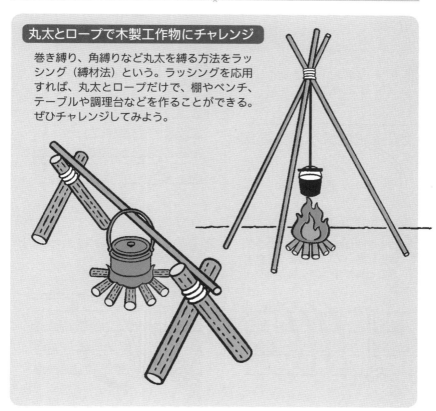

丸太で三脚を作る

少し緩めに縛るのがコツ。強く巻きすぎると脚を開けないので注意。

1 1本の丸太に図のように巻き付ける。

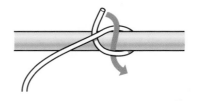

2 丸太に巻き付けたロープに矢印のように端を巻く。

3 もう一度端をロープに巻くと「ねじ結び」ができる。

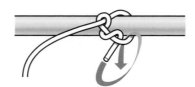

4 元を丸太に巻いていく。

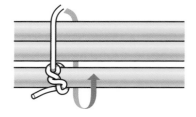

5 ロープ同士が重ならないようにさらに巻いていく。強く巻きすぎると脚が開けなくなるので注意。

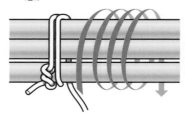

6 矢印のようにロープを丸太と丸太の間に通す。

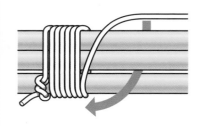

ねじ結び ➡ P51

7 巻いたロープに対してロープを巻く（割りを入れる）。

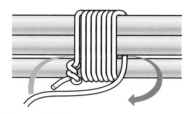

8 2回ほど割りを入れる。

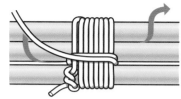

9 もう一方のすき間にロープを通して割りを入れる。

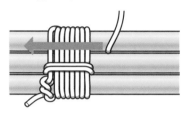

10 2回ほど割りを入れたら図のように1本の丸太にロープを巻く。

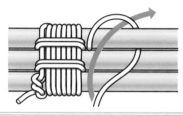

11 図のように1本の丸太にロープを1周巻く。

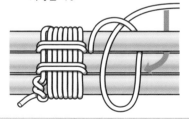

13

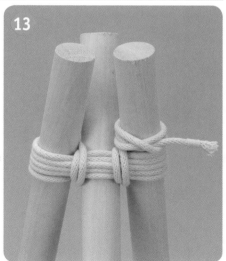

脚を開いて完成。きつすぎず、緩すぎず巻くのがポイント。

12 矢印のように端を通して「巻き結び」。

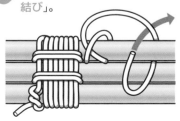

巻き結び ➡ P11　**69**

筋交い縛り　Diagonal Lashing

交差した丸太を縛る

斜めに交差した丸太を縛る方法。1巻きごとに強く締めるのがコツ。

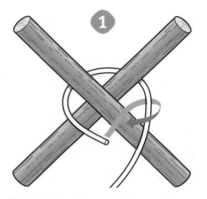

1 丸太を交差させてロープで1回巻く。

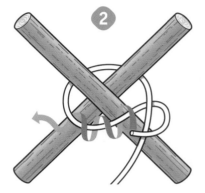

2 先端を図のように数回からませて「ねじ結び」を作る。先端と元を引っ張って結び目を締める。

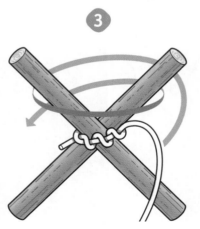

3 元側のロープで「ねじ結び」の結び目を押さえるように数回巻き付ける。

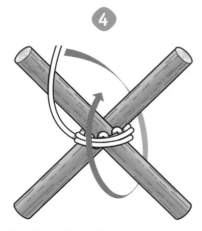

4 巻き付ける方向を変えて、同じように数回巻き付ける。

ねじ結び ➡P51

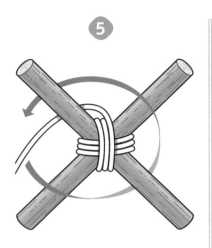

5

2本の丸太の間に数回巻き付けて、割りを入れる。

6

最後に1本の丸太に巻き付けて、先端を通して締める。

7

同じようにもう一度結んで、「巻き結び」にする。

8

1巻きごとにテンションを掛けて、しっかりと締め付けると、固くがっちりと結べる。

巻き結び ➡ P11   **71**

直角に交差した丸太を縛る

2本の丸太を直角に交差した状態にする。1巻きごとに強く引くこと。

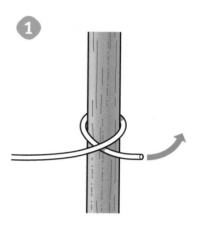

1

ロープを1回巻き付ける。

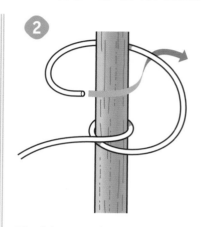

2

図のようにロープを通して「巻き結び」にする。

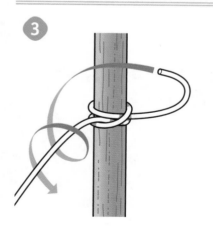

3

余った端をロープの元に、数回巻き付ける。

4

結び目の近くに、もう1本の丸太を交差させて置く。

巻き結び ➡P11

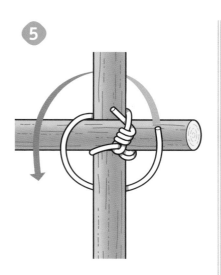

5

丸太を押さえながら、2本の周りをロープが重ならないように数回強く引きながら巻き付ける。

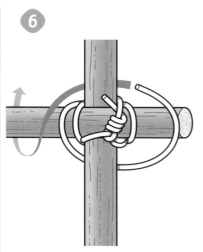

6

図のように折り返して向きを変える。

7

方向を変えて、同じように数回巻き付ける。

8

最後に「巻き結び」などでしっかりと締める。

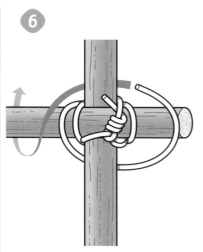

あぶみ縛り

ブランコを作る

座面になる板をあぶみ縛りで結んで横木に掛ける。

1

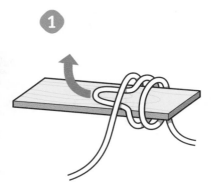

座面になる板の端にロープを3回巻き、2巻き目を図のように下から引き出す。

2

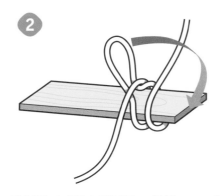

引き出した部分を折り返し、元側のロープの上にかぶせてから板の端を通す。

3

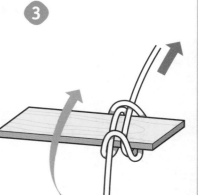

両端を引いて結びを締める。

4 もう片側も同じように縛る。横木に固定すると、手作りブランコの完成。

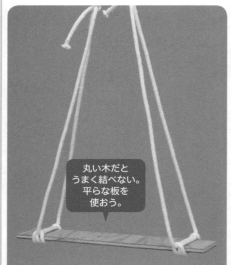

丸い木だとうまく結べない。平らな板を使おう。

てこ結び　Marlinespike Hitch

丸太ではしごを作る

ロープ2本と丈夫な丸太数本で手早くはしごを作る。

1

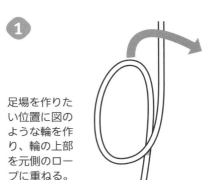

足場を作りたい位置に図のような輪を作り、輪の上部を元側のロープに重ねる。

2

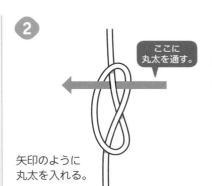

ここに丸太を通す。

矢印のように丸太を入れる。

3

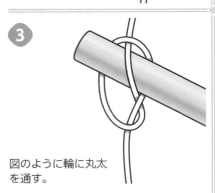

図のように輪に丸太を通す。

4

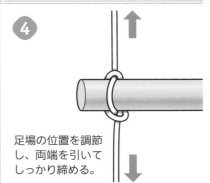

足場の位置を調節し、両端を引いてしっかり締める。

5

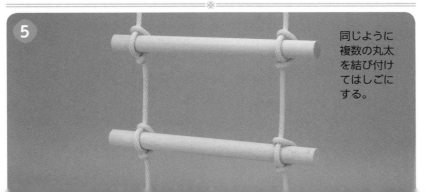

同じように複数の丸太を結び付けてはしごにする。

犬のリードを柱につなぐ 1

簡単に結べて、強度もある。少しの間つなぎでおきたいときに便利。

1

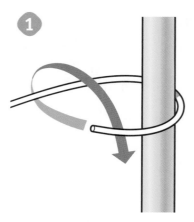

リードをつなぐ柱に先端を巻き付けて、下から上に折り返す。

2

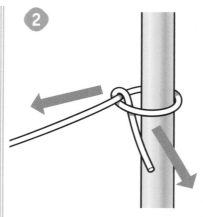

ロープが交差してできた輪に、先端を上から通す。

3

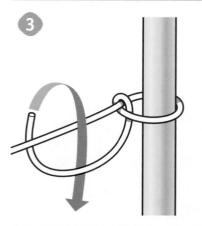

もう一度同じように下から上へ持って行き、上から通す。

4

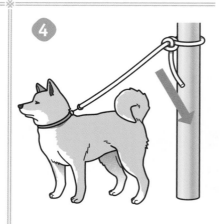

ロープの先端を引いて結び目を締める。

馬つなぎ Hitching Tie

犬のリードを柱につなぐ 2

馬をつなぐのに使われていた結び。強度はあるが、ほどくのも簡単。

1

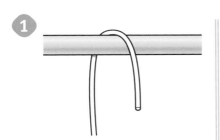

リードをつなぎたいところにロープを掛ける。

2

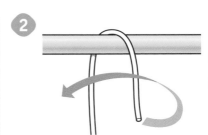

先端側の途中に輪を作る。

3

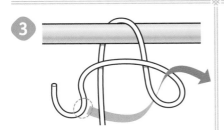

先端を2つ折りにして、ロープの元側の後ろから輪に通す。

4

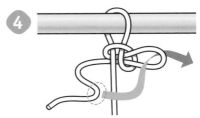

もう一度先端を2つ折りにして、ロープの手前から③でできた輪に通す。

5

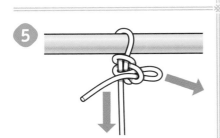

輪が抜けないように引いて締める。

6

ロープの先端を引けば簡単にほどける。

ハンモックを木に結ぶ

ロープを立ち木に結び、もう一方をハンモックの金具に固定する。

1

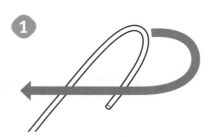

ハンモックと木をつなぐロープの端を2つに折り、折り曲げたところを上にして輪を作る。

2

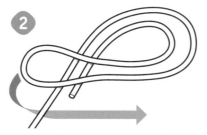

交差部を押さえながら、2つ折りをしたところを下から折り返す。

3

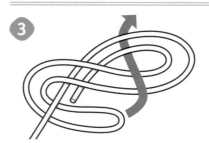

2つ折りを下部分を輪に通す。

4

できた輪の大きさを調整しながら結び目を締める。

5

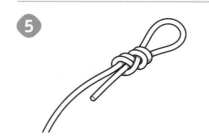

形を整えて「二重8の字結び」の完成。

6 当て布をした部分にロープを巻き付ける。

7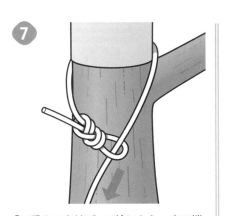

「二重8の字結び」の輪にもう一方の端を通す。

8

ロープの端を引いて張力を掛ける。

9 もう一方の端にも「二重8の字結び」で輪を作り、丈夫なS字フックやカラビナでハンモックの穴とつなぐ。

10 ハンモックのもう一方も同様にして木につないで完成。

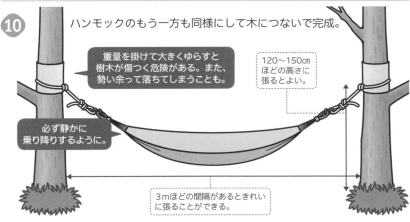

重量を掛けて大きくゆらすと樹木が傷つく危険がある。また、勢い余って落ちてしまうことも。

120〜150cmほどの高さに張るとよい。

必ず静かに乗り降りするように。

3mほどの間隔があるときれいに張ることができる。

79

2章
山歩き

軽登山でも危険はつきものです。
ザックにロープや
スリングを入れておくと、
いざというときに
役立ちます。

P82 靴ひもの掛け方

P83 靴ひもの締め方

P84〜 靴ひもを結ぶ

P86〜 小物にひもを結ぶ

P102 ロープをつなぐ

P90～ ロープを樹木などに固定する

P104 ツエルトを張る

P106 シートを使って風雨を避ける

P107 自在金具を使う

P94 スリングとカラビナで支点をとる

P96～ スリングをロープに結ぶ

P95 ロープに手掛かりの輪を作る

P98 スリングでハーネスを作る

P100 ロープをハーネスに結ぶ

登山用シューズ 靴ひもの掛け方

シューズのひも穴や登山靴のＤリングにひもを通す
方法には、**オーバーラップ**と**アンダーラップ**の２通り
ある。オーバーラップは緩みにくく、アンダーラップ
は比較的緩みやすい。

オーバーラップ	アンダーラップ

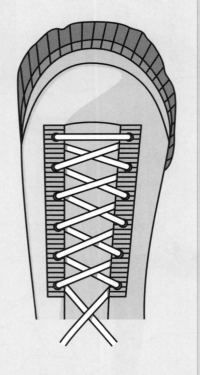

ひも穴に上から通していく。

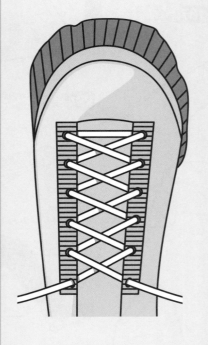

ひも穴に下から通していく。

登山用シューズ 靴ひもの締め方

スプリングフック付きの登山靴は、登りと下りで、ひもを締める強さを変えると、**疲労を軽減**できる。また、**靴擦れ**も起こりにくくなる。

登りのとき

足の甲の部分の靴ひもをきつく、足首部分を緩めに締めると、かかとが浮きにくく、足首の自由がききやすい。

足の甲の部分をきつく、足首の部分を緩めに締める。

緩めに締める

きつく締める

スプリングフック

下りのとき

全体をしっかり締めると、足が靴の中で動かなくなるため、つま先が靴の先に当たりにくくなる。

足が靴の中で動かないように、全体的にしっかり締める。

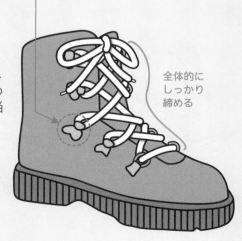

全体的にしっかり締める

二重はな結び　*Double Bow Knot*

靴ひもを結ぶ １

「はな結び」をよりほどけにくくした結び方。

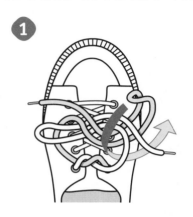

1

「はな結び」で最後に締める前まで結び、図のようにもう一度輪に巻き付ける。

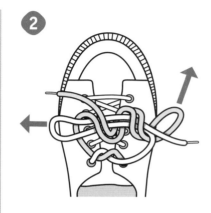

2

そのまま輪に通す。

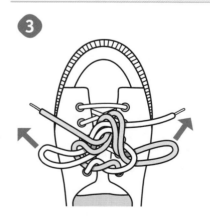

3

端が抜けないようにしながら、２つ折りの部分を両側から引く。

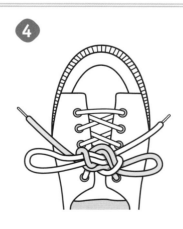

4

結び目の形と輪の大きさを整えながら結び目を締める。

　はな結び ➡ P14

靴ひもを結ぶ 2

「はな結び」でできる2つの輪で「本結び」をする。

1

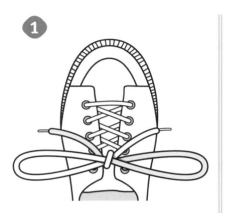

輪の部分を少し大きめにした「はな結び」で結んで締める。

2

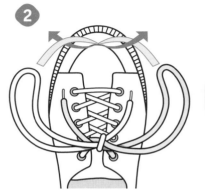

できた2つの輪を交差させて「本結び」をする。

3

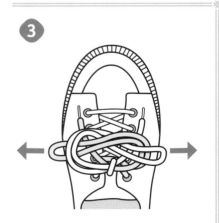

輪の両側を引っ張る。

4

「本結び」で補強することでほどけにくくなる。

固く締めて完成。

本結び ➡ P140 **85**

小物にひもを結ぶ 1

輪にしたひもを小物のストラップホールやリングなどに固定する結び。

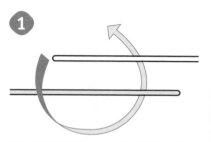

ひもの両端を並べ、一方の端をもう一方に巻き付ける。

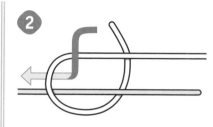

巻き付けた端をできた輪に通して「止め結び」にする。

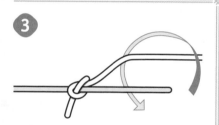

もう一方の端を他方へ巻き付ける。

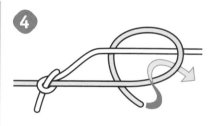

できた輪に端を通す。

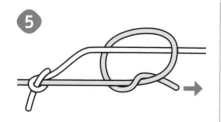

「止め結び」を引き締める。

両方の元側を引く。

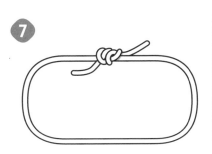

「テグス結び」によって輪ができる。

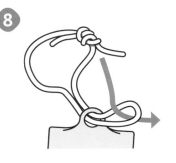

輪を細くして小物にある穴に通し、穴をまたいだ一方を輪に通す。

2
章

山歩き

小物を押さえながら、通したほうを引っ張る。

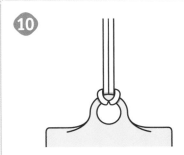

そのまま引いて締める。

11 形を整えて完成。小物を首から下げたりすることができる。

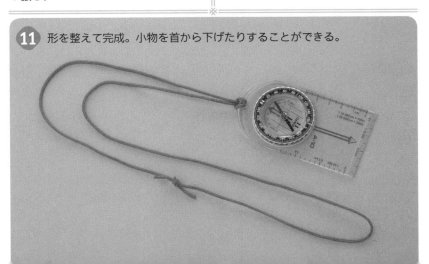

小物にひもを結ぶ 2

小物にある穴にひもを通してから輪にする結び方。

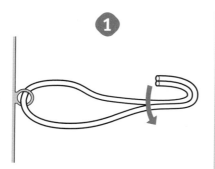

ひもを穴に通してから、両端を合わせて元に掛ける。

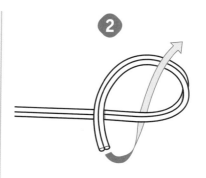

できた輪の中へ端を通す。

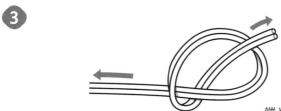

端と元を引っ張って締める。

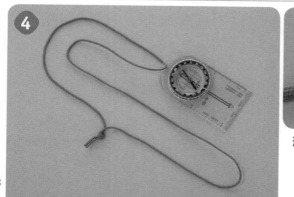

形を整えて完成。

小物にひもを結ぶ 3

小物にある穴にひもを止めてから輪を作る場合の結び方。

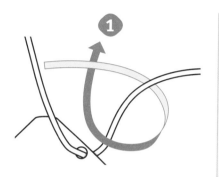

1

小物にある穴にひもを通して、矢印の
ように巻く。

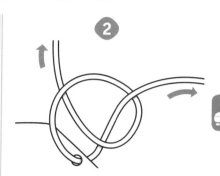

2

両端を引っ張る。

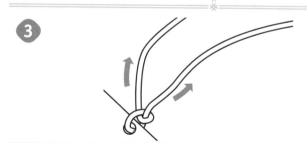

3

形を整えて締める。

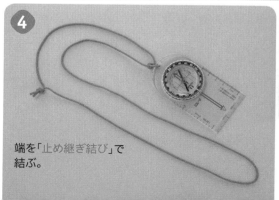

4

端を「止め継ぎ結び」で
結ぶ。

この結びだとひもが固定
される。

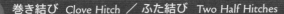

巻き結び *Clove Hitch* ／ ふた結び *Two Half Hitches*

ロープを樹木などに固定する 1

急斜面などの危険箇所で手掛かりになるロープを張る。

1 木などの安定したものにロープを巻き付け、2周目は元の上側で巻く。

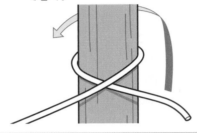

2 端を1周目と2周目の間に通す。

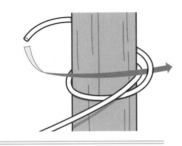

3 固く引き締めてから、端を折り返す。

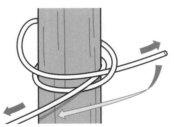

4 図のように端を元に下から巻き付け、強く締める。

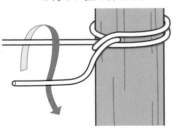

5 もう1度巻き付けて端を通し、端を引いて締める。

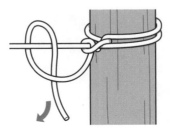

6 「巻き結び」を「ふた結び」で補強した結びになる。

90　巻き結び ➡ P11　ふた結び ➡ P10

ロープを樹木などに固定する 2

張力を掛けながらロープの端を固定する方法。

1

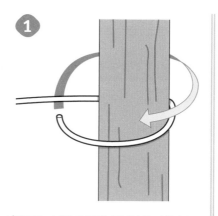

木にロープを2回巻き付ける（ラウンドターン）。2周目は1周目の上側で巻く。

2

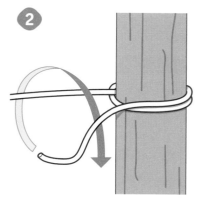

端を元に下から巻き付け、図のように端を通してから強く締める。

3

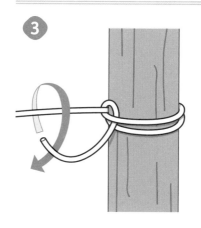

もう一度巻き付けて端を通す。

4

端を引いて、「ふた結び」の結び目を固定する。

91

スリングとカラビナ

軽登山でも危険な箇所に遭遇することがある。そんなときにはこれらの用具が役立つ。どちらも必ず登山専門店で購入すること。ホームセンターなどで販売されているものは極めて強度が低く、登山には使えない。

スリングとは？

スリングは、登山専用のロープやテープを輪にしたもの。端を強力に縫い込んで輪にした状態で売られているものもある。

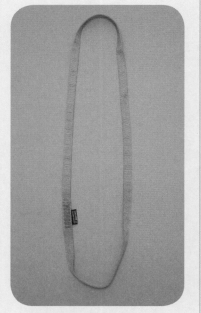

輪の大きさや幅長がさまざま。軽登山なら輪の大きさが異なるものを数本携行するとよい。

カラビナとは？

カラビナは、登山用の金属製リングで一部開閉できる機能がついたもの。

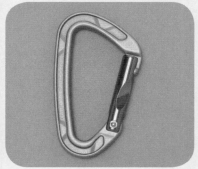

D型、O型などさまざまな形状があるが、一般の登山ならD型が使いやすい。

ふじ結び Water Knot

テープスリングを結ぶ

平たいテープの両端を結び合わせてスリングを作るための結び。

1

必ず登山用の
テープを
使用すること。

登山用テープの端で輪を作り、その輪に端を通す。

2

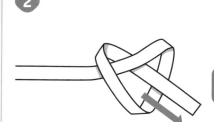

端を引っ張って軽く締める。「止め結び」の形になる。

3

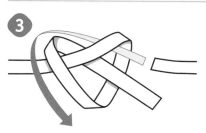

もう一方の端を「止め結び」に沿って通していく。

4

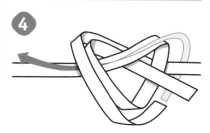

テープ同士がきれいに重なるようにテープを通していく。

5

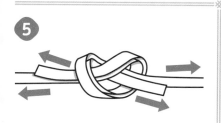

端と元を引っ張って締める。結び目が崩れないようていねいに。

6

しっかり引き締めて完成。テープがほどけないかをチェックする。

止め結び ➡ P8　　**93**

スリングとカラビナで支点をとる

簡単に手早く固定できるが、張力が小さいと緩むことがあるので注意。

①

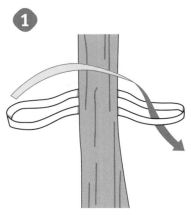

スリングを木に掛けて、矢印のように一方のループをもう一方に通す。

②

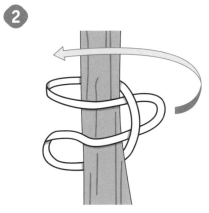

通したほうのループを引っ張って締める。

③

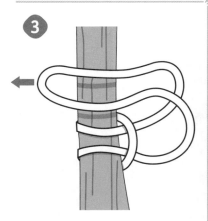

引っ張ったループを反対側に折り返す。これによって結束が強くなる。

④

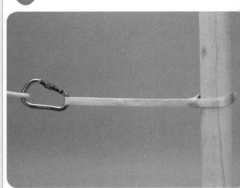

ほどけないことを確認してカラビナを掛ける。

ロープに手掛かりの輪を作る

ロープの途中に輪を作り、これを手掛かりにする。

1

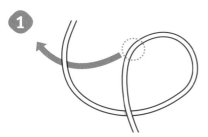

ロープの途中に輪を作って矢印のように輪を動かす。

2

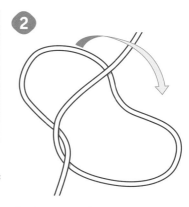

動かしたほうを矢印のように折り返す。

3

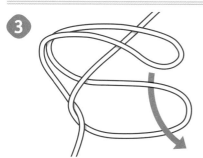

折り返したところを輪に通す。

5

ロープの途中に
下向きの輪ができる。
この輪を複数箇所に作って
登り下りの手掛かりにする。

4

元と輪を引っ張って形を整えて完成。

2
章

山歩き

95

スリングをロープに結ぶ 1

負荷が掛かると結び目が締まってロックされ、負荷が小さくなると結び目が緩んで移動できる。

1

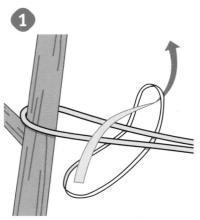

樹木や岩などに支持されたロープにスリングを図のように巻く。

2

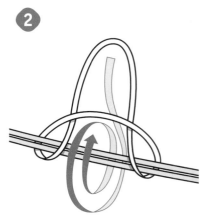

何周かロープに巻き付ける。

3

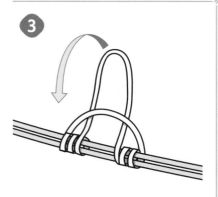

先端を引いて締める。

4 形を整えて完成。

体に装着したハーネス※のカラビナを輪に掛けて、結び目を移動させながら登り下りをする。

ハーネス = 登山用の安全ベルトのこと➡P98

クレムハイスト・ノット　Klemheist Knot

スリングをロープに結ぶ2

これも負荷が掛かると結び目がロックされ、負荷が小さいと結び目の移動が可能な結び。

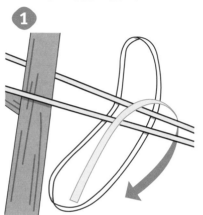

1

樹木や岩などに支持されたロープにスリングを図のように巻く。

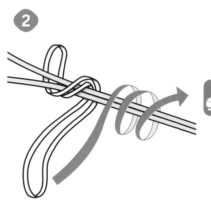

2

何周かロープに巻き付ける。

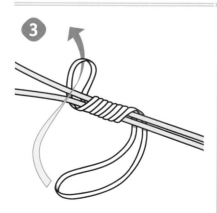

3

輪の先端を最初の位置に折り返して矢印のように通す。

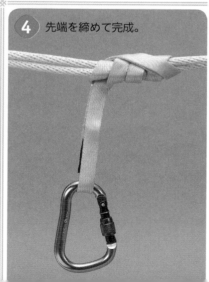

4 先端を締めて完成。

2章

山歩き

97

ふじ結び　Water Knot

スリングでハーネスを作る

軽登山やトレッキングでも危険箇所はある。安全を確保するハーネスの作り方を覚えておくとよい。

1

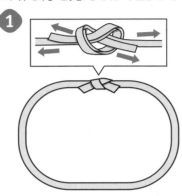

「ふじ結び」で120cm程度（大柄な人は150cm程度）のテープスリングを作る。

2

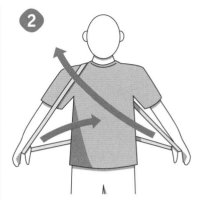

スリングを背中に回して両手で持つ。胸の前で交差させる。

3

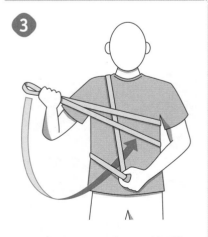

スリングをイラストのように持ち替える。

4

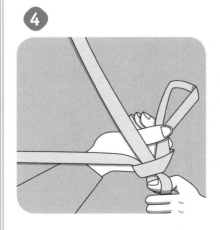

右手で持っているほうをもう一方の下から巻き付ける。

 ふじ結び ➡P93

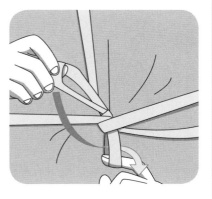

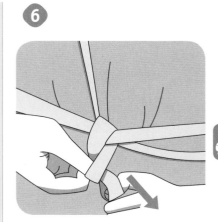

胸の前でしっかり締めてから、右手で
持っている端を左手で持っている輪に
通す。

輪に通したらイラストのように端を持
ち替える。

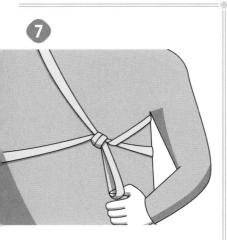

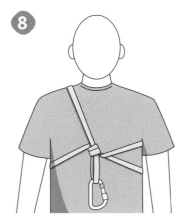

輪に通した端を引っ張って結び目をし
っかり締める。

輪にカラビナをつける。このカラビナ
にロープを通したり、ロープを結んだ
りして安全を確保する。

ロープをハーネスに結ぶ

ロープを使って危険箇所を通過するときは、「二重8の字結び」でハーネスにロープを結び付ける。

1

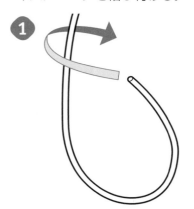

ロープを2つに折り、一方を矢印のように元に巻き付ける。

2

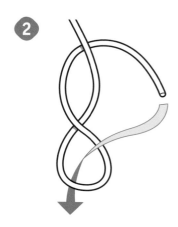

矢印のように端を通す。

3

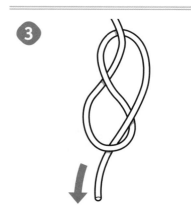

ここで締めると「8の字結び」となる。ここでは軽く締めて、少し余裕のある状態にしておく。

4

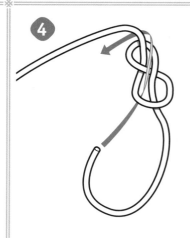

端を「8の字結び」に沿って通していく。

5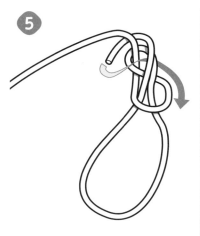

端を「8の字結び」に沿って通して
いく。

6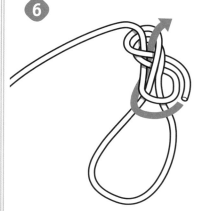

矢印のように通していく。形が崩れない
ようにていねいに。

7 先端を出したら元を引い
て結び目を締める。端は
かなり余裕のある状態に
しておく。

締めるときに
結び目が崩れない
ように注意しよう。

二重8の字結び（ダブル・フィギュアエイト・ノット）は2通りの結び方があり、登山の世
界では結び方によって呼び名を変えて区別されるようになっている。このページのように、
ロープを物体に結びつけるための結び方をフィギュアエイト・フォロー・スルー（Figure-Eight
Follow Through）という。2つ折りにしたロープに8の字結びを結んで輪を作る結びはフ
ィギュアエイト・オン・ア・バイト（Figure-Eight On a Bight）（P21など）という。

ロープをつなぐ

太くて滑りにくいロープを手早くつなぐときに使える。こぶも小さい。

①

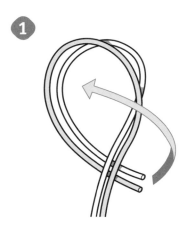

2本のロープを合わせて輪を作り、端をからませる。

②

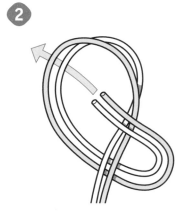

端を輪に通す。

③

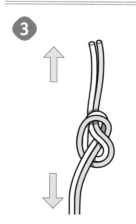

端と元を引っ張って結び目を締める。

④

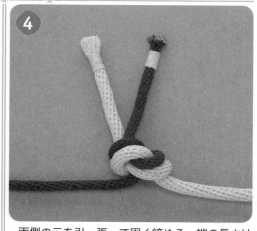

両側の元を引っ張って固く締める。端の長さは十分にとっておくこと。

荷物を吊り上げる

2つ折りにしたロープの途中にカラビナを使ってザックを結びつける。

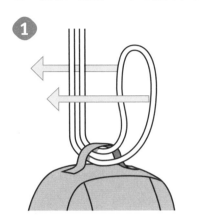

1 2つ折りにしたロープを持ち手に通す。

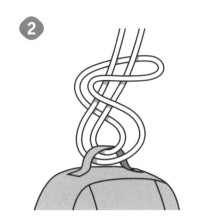

2 通したロープの両側で元のロープを挟む。

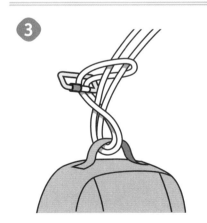

3 挟んだ部分にカラビナを取り付ける。

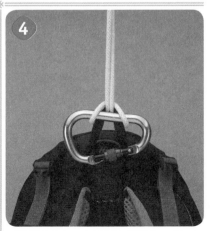

4 元を引くと、カラビナがストッパーになって締まる。外すのも簡単。

ツエルトの張り方

ツエルトを使って風雨を避ける

ツエルトとは?

ツエルトとは、緊急の避難場所となる簡易型の
テントのこと。登山の際、急な気候の変化で体
温低下が起こりうるときや、何らかのアクシデン
トで動きがとれなくなったときのために、携帯し
ておきたいアイテムだ。
テントのように支柱を使うか、立ち木を利用し
て張ることができる。

軽量かつかさばらな
い。軽登山であって
も携行したい。

（写真提供：モンベル）

 ラウンドターン＋ふた結び ➡P91　トラッカーズ・ヒッチ ➡P46

立ち木を
利用して張る

立ち木を利用するときは「ラウンドターン＋ふた結び」を使って一方を固定し、もう一方をトラッカーズ・ヒッチをするとよい。スリングを「ひばり結び」で結んで固定してもよい。

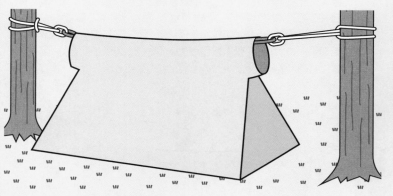

2章

山歩き

支柱を使って
張る

「二重８の字結び」で支柱の先端にロープを掛けて、張り綱の張力を利用して支柱を立ち上げる。支柱は専用のものもあるが、トレッキングポールでも代用できる。

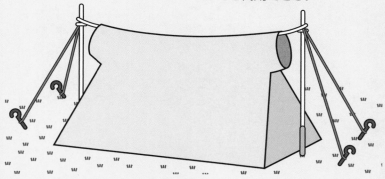

スリングで固定 ➡P94　　二重８の字結び ➡P26

シートを使って風雨を避ける

ツエルトの代用として**ブルーシート**や**ミニタープ**も活用できる。立ち木の間に張り綱を張って屋根にし、四隅をロープとペグを使って止めれば、風雨避けになる。ツエルトと同様、張り綱の一方を「**ラウンドターン＋ふた結び**」、もう一方を「**トラッカーズ・ヒッチ**」で固定すれば、屋根部分をピンと張ることができる。

シートには、グロメットが打ってあるものを選んだほうが楽に設営を行える。グロメットがない場合は、小石などをシートにくるんでそこにロープを巻くことで対処できる。

ラウンドターン＋ふた結び ➡ P91　トラッカーズ・ヒッチ ➡ P46

グロメットがないシートにロープを固定 ➡ P30

ひばり結び *Cow Hitch*

自在金具を使う

自在金具を使えば簡単に張り綱を結べる。ペグダウンでも使える。

1 自在金具に装着したロープの輪を立ち木に掛け、自在金具を通す。

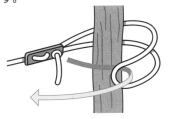

2 そのまま元を輪から引き出し、「ひばり結び」にする。

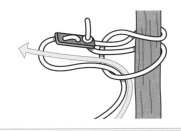

3 元を引っ張り、結びを締めて固定する。

4 次に張り綱のもう一方を結ぶ。グロメットがある場合、ロープをグロメットに通す。

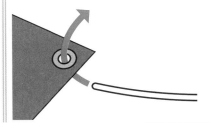

5 端を「止め結び」や「固め止め結び」で結んでストッパーにする。

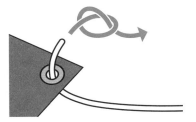

6 自在金具を動かして張りを調整して完成。

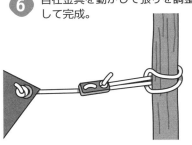

ひばり結び ➡ P94 107

3章
釣り

釣糸に状況に応じた
多種多様な結び方があるが、
その中でもまず
覚えておきたい結びを
集めました。

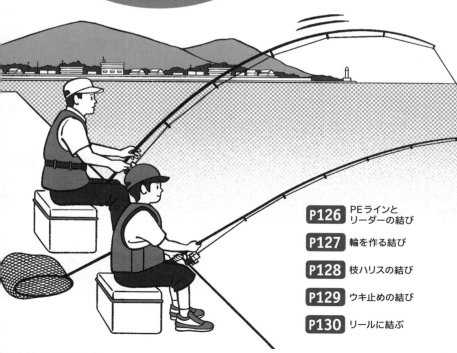

P126 PEラインと
リーダーの結び

P127 輪を作る結び

P128 枝ハリスの結び

P129 ウキ止めの結び

P130 リールに結ぶ

P131 ノベ竿の
リリアンに結ぶ

P110〜 釣りバリの結び

P114〜 接続具やルアーとの結び

P122〜 ライン同士の結び

内掛け結び *Snell Knot*

釣りバリの結び 1

だれが結んでも強度が安定しており、擦れに対しても強い。

1 ハリ軸の内側にハリスの本線を添え、端イトで直径3〜5cmの輪を作る。

本線
端イト

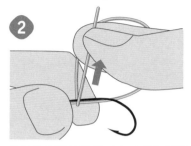

2 ハリスの交点がずれないように指先で押さえつつ、端イトを上方向に回す。

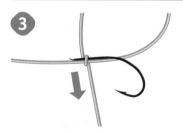

3 端イトを輪の中にくぐらせ、ハリ軸に1回転させた状態にする。

4 これを5〜6回繰り返す。慣れないうちは、最初の輪を大きくするとよい。

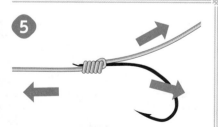

5 巻き付けた部分が緩まないように注意しながら、本線と端イト、本線とハリ同士をじわじわと締め付けていく。

6 余分の端イトをカットして完成。このとき、ハリスがハリ軸の内側にあることで魚のハリ掛かりがよくなる。

※ハリスの「本線」とは、ハリスの使用部分のこと。「端イト」とは、ハリスの先端で最後にカットする部分。

釣りバリの結び 2

内掛け結びよりも早く結べて、強度も優れるハリ結びの定番。

1

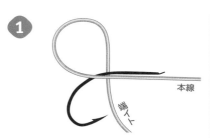

本線

端イト

ハリ軸の内側にハリスの本線を沿わせ、端イトで直径2cmほどの輪を作る。

2

ハリスの交点をしっかり持って、端イトをハリの軸に巻いていく。

3章

釣り

3

巻き付けるときは、ハリスの本線を張り気味にしておくと作業しやすい。

4

巻く回数は5〜6回。1回巻くごとに指で押さえながら作業するのがコツ。

5

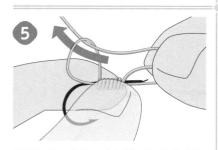

最初に作った輪の中に端イトをくぐらせる。巻き付けが緩まないように注意。

6

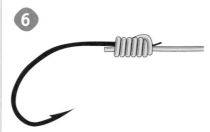

本線と端イト、本線とハリ同士をしっかり引っ張り、余分の端イトを切る。

釣りバリの結び ３

見た目以上に強度に優れていて、端イトの無駄もない。

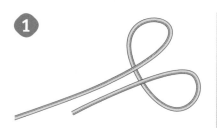

1 ハリス先端を７cmほど折り返し、さらに先端を折り返して２つの輪を作る。

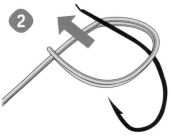

2 ２つの輪を折り重ね、その中にハリの軸を差し入れる。

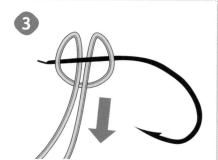

3 ハリスの本線と端イトを束ねて、ゆっくりと引き締める。

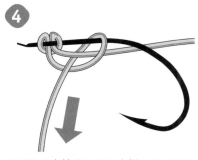

4 ハリスの本線をハリの内側から１回からめて引き締める。

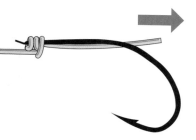

5 最後に端イトも引き締めてから、余分をカットする。ハリスの本線は、ハリ軸の外側ではなく内側から出ているのが正解。

釣りバリの結び 4

細いハリスを使ったときでも、本線が縮れにくいのがメリット。

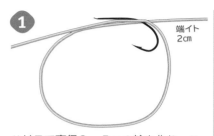

1

端イト 2cm

ハリスで直径3〜5cmの輪を作り、ハリ軸の内側に添える。端イトは2cm。

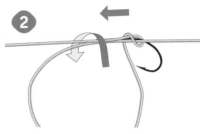

2

輪の端イト側を1回ハリ軸に巻き付け、さらに矢印の方向に巻いていく。

3 章

釣り

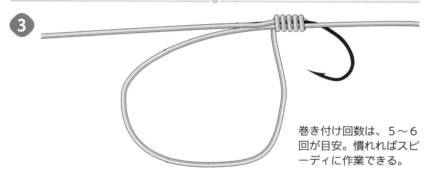

3

巻き付け回数は、5〜6回が目安。慣れればスピーディに作業できる。

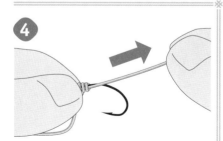

4

巻き付けが完了したら、端イト側をゆっくりと引き締めていく。

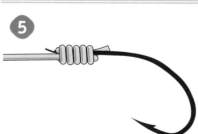

5

本線と端イトを確実に締め付け、端イトをカットして完成。

113

接続具やルアーとの結び 1

滑りやすいナイロンラインでも素早く、強く、簡単に結べる。

1

ラインの先端を10cmほど折り返した状態で、直径3cmほどの輪を作る。

2

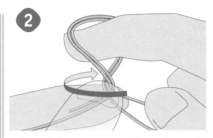

交点が緩まないように指でつまみ、反対の手の指で輪を半回転させる。

3

最初に折り返した部分を、半回転させた輪の中にくぐらせる。

4

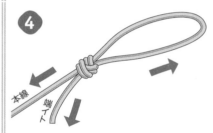

本線
端イト

輪とライン本線、端イトを引き締めてから、余分の端イトをカットする。

5

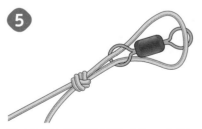

輪の先端を接続具の環に通し、さらに接続具を輪の中にくぐらせる。

6

本線を引き締めて完成。簡単な結び方だが強度的には信頼できる。

接続具やルアーとの結び 2

比較的細めの釣りイトを結ぶときに覚えておきたい基本形。

1

端イト

本線

ラインの先端を接続具の環に通して7〜10cm折り返し、
本線に端イトを5回巻き付ける。

2

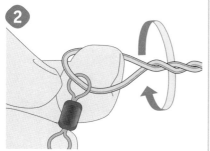

小型の接続具を結ぶ場合は、折り返し
部分に指を入れて回転させてもよい。

3

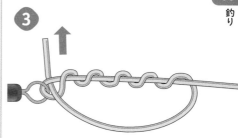

巻き付けが完了したら、最初の折り返
し部分に端イトを通す。

4

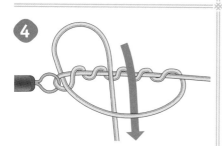

さらに、端イトを折り返して、いまで
きた大きな輪の中に通す。

5

巻き付けたラインが交差しないように、
ゆっくり締め込んで余分を切る。

接続具やルアーとの結び 3

最も基本的、かつ応用も利く最初に覚えておきたい結び方。

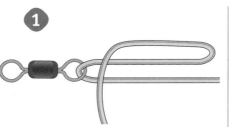

1 接続具の環にラインを通して10cmほど折り返し、さらに先端を折り返す。

2 折り返しでできた輪の中に、ライン先端をくぐらせていく。

3 4～5回くぐらせたら、ライン先端を引いて結び目を軽く引き締める。

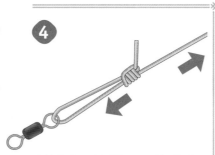

4 本線をゆっくり引いて、結び目を接続具の環まで近づける。

5 最後に本線と端イトをしっかり引き締め、余分をカットする。

接続具やルアーとの結び 4

ハリスの長さを一定にしやすく、端イトの無駄も少ない。

1

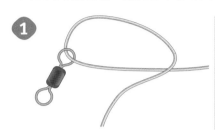

ラインを接続具に通し、10cmほど折り返して端イトを本線の上で交差させる。

2

端イトを輪の下側から上側に通す。

3

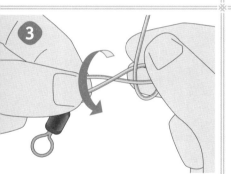

接続具を持った指でラインを押さえながら、手前側に半回転ひねる。

4

接続具側の輪の中に、端イトの先端を下から通す。

5

輪から出てきた端イトを接続具を持つ指でつまみ、本線を引いていく。しっかり締め付けて結び目が接続具に密着したら、端イトをカットする。

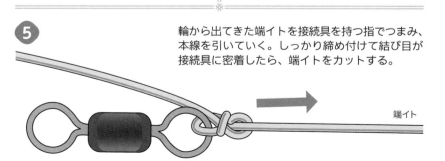

端イト

接続具やルアーとの結び 5

普通の一重結びをアレンジした簡単な結節方法。

1

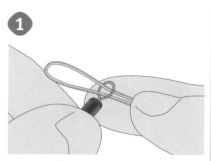

ライン先端を 10～20cm 折り返した状態で、接続具やルアーの環に通す。

2

2重のラインを緩めの「一重結び（止め結び）」にして、輪を作る。

3

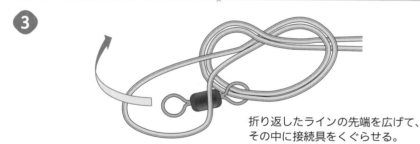

折り返したラインの先端を広げて、その中に接続具をくぐらせる。

4

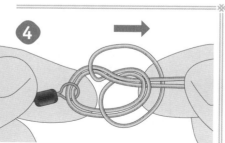

くぐらせたループを「一重結び」の部分を包むように本線側に持っていく。

5

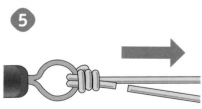

本線と端イトを一緒に引いてゆっくり締めて、余分をカットする。

一重結び（止め結び）→ P8

漁師結び Flsherman's Knot

接続具やルアーとの結び 6

プロの漁師が、長年の経験から編み出した結び方。

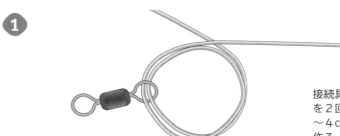

1

接続具の環にライン
を2回通し、直径3
〜4cmの二重の輪を
作る。

2

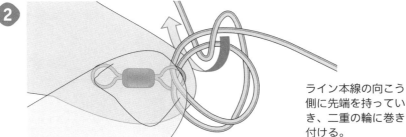

ライン本線の向こう
側に先端を持ってい
き、二重の輪に巻き
付ける。

※

3

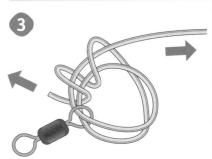

ライン先端をもう一度か巻き付けてか
ら、本線と先端の両方を引き締めていく。

4

結び目のライン同士が交差していなけ
れば成功。余分をカットして完成。

接続具やルアーとの結び 7

ルアーに向いた結び方で、結び目に輪を作ることで泳ぎを損なわない。

1

←ラインアイ

ラインの先端から7〜10cmの位置に軽く「一重結び（止め結び）」を作り、ライン先端をルアーのラインアイに通す。

2

ライン先端を最初に作った結び目の中に通し、軽く引き締める。

3

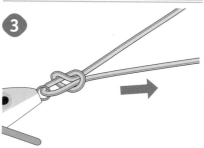

ライン先端を引っ張り、「一重結び」をラインアイの近くまで引き寄せておく。

4

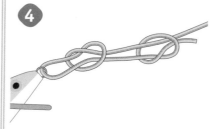

さらに、ライン先端部で本線を一緒に巻き込みながら結び目を作る。

5

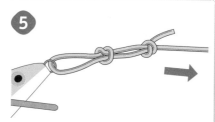

本線とライン先端をゆっくり強く引き、さらに本線を引き締めていく。

6

2つの結び目が密着すれば完成。できる輪の長さは1〜2cmが目安になる。

一重結び（止め結び）➡P8

ハリソンズ・ループ　Harrison's loop Knot

接続具やルアーとの結び 8

比較的細いラインでも使用できるルアー向きの結び方。

1

フリーノットの**2**までと同じ方法で、ラインをルアーにセットする。

2

通したラインの先端を本線に4〜5回巻き付けていく。

3

ライン先端を折り返して、最初の結び目の中に通す。このとき、**1**でライン先端を通した方向と同じルートで通すことがポイント。

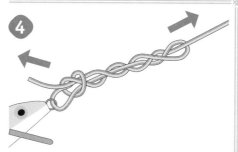

4

ライン先端と本線を持って、徐々に引き締めていく。

5

ある程度結び目が締まったら、ルアーと本線を持って再度じわじわと力を入れて締め込んでいく。

ライン同士の結び 1

とくに、細いライン同士を直結するときの強度に優れる。

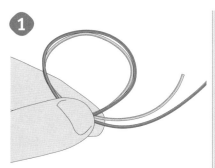

1

結び合わせるライン同士を 10〜15㎝
重ね、直径 3 〜 5 ㎝の輪を作る。

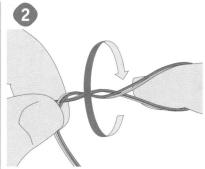

2

輪の中に指を入れて 3 回ねじる。

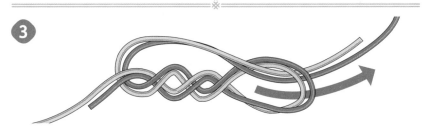

3

ねじった輪の先端側に、ライン本線と端イトを 2 本一緒に抜き通す。

4

本線と端イトを一緒に引っ張りながら
結び目を作っていく。

5

結び目が徐々にスライドして密着した
ら、さらに引き締めて完成。

ライン同士の結び 2

ライン同士の結びのほか、枝ハリスの結びにも応用できる。

1

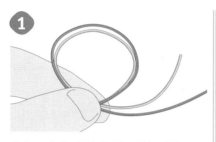

2本のライン同士を10〜15cm重ね、直径3〜5cmの輪を作る。

2

2本のラインを束ねた状態で、各先端を輪の中にくぐらせる。

3

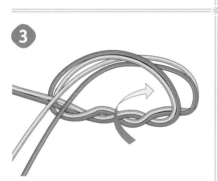

同様の手順で、2〜3回くぐらせる。

4

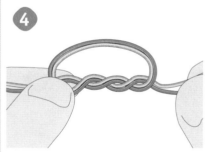

両側のラインを2本ずつしっかり持ち、ゆっくり締め込んでいく。

5

さらにきっちりと締め込んでいく。余分な端イトをカットして完成。

123

ライン同士の結び ③

滑りやすいナイロンラインでも素早く、強く、簡単に結べる。

1

2本のラインを15〜20cm重ねて、片方のラインで直径3cmほどの輪を作る。

2

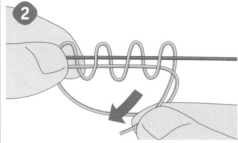

輪を作った側のラインの先端を使い、2本をまとめて「ユニノット」で結ぶ。

3

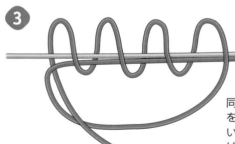

同様に反対側のラインでもユニノットを行う。左右対称になるように結んでいけば仕上がりが美しくなり、強度のばらつきも少なくなる。

4

本線が縮れないように、ゆっくりと引き締めていく。

5

結び目が徐々にスライドして密着したら、さらに引き締めて完成

ライン同士の結び 4

ライン先端に輪を作り、それを連結させた強靱な結び。

1

2本のライン先端に、「8の字結び」などで3〜4cmほどの輪を作る。

2

ハリスなどの全長が短いほうのラインの輪に、反対側のラインの輪を通す。

3
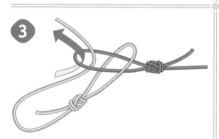

短いほうのラインの末端を相手の輪の中にくぐらせる。

4
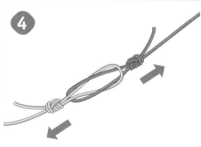

そのままラインを引き締めていく。

5
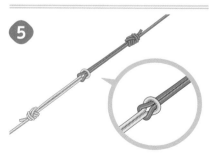

しっかり締め込んで完成。お互いの輪がUの字でつながっているのが正解だ。

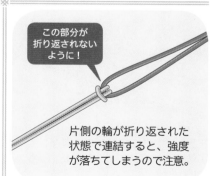

この部分が折り返されないように！

片側の輪が折り返された状態で連結すると、強度が落ちてしまうので注意。

8の字結び ➡ P114

125

PEラインとリーダーの結び

滑りやすいPEラインにリーダーを簡単・確実に結ぶ方法。

1

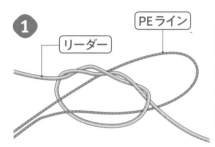

リーダー　PEライン

リーダーの先端に「二重結び」を作り、できた輪の中に、PEライン先端を30cmほど折り返した状態でくぐらせる。

2

リーダーの結び目と同じ軌道で、PEラインを2回くぐらせる。

3

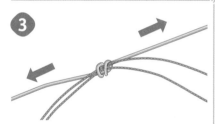

リーダーの両端を引っ張り、80%ほどの力で締めておく。

4

巻き始めに少しスペースを空けておくのがコツ。

PEラインをリーダー先端側に向けて10〜12回巻き付けていく。

5

PEラインを巻き終えたら、確保しておいたスペースの中に先端を通す。巻き付け部分が緩まないように注意。

6

リーダー本線、PEの本線と端イトをそれぞれしっかり引き締め、余分をカットする。

輪を作る結び

比較的長めのダブルライン（ループ）を作るときに便利な結び。

①

ライン先端を 30cm ほど折り返し、束ねた状態で直径 2 ～ 3 cm の輪を作る。

②

輪の部分を片手の親指と人差し指でつまみ、折り返した 2 本のラインを指の付け根方向へ 3 ～ 4 回巻き付ける。

③

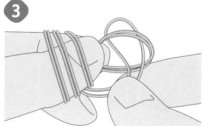

巻き付け終わったら、折り返しの先端を輪の中に通す。

④

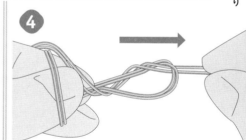

折り返しの先端を引っ張りつつ、巻き付け部分を少しずつほぐしていく。

⑤

束ねた 2 本のラインが、きれいに揃ってほぐれるのが理想。

⑥

じわじわと締め付け、最後に端イトをカットして完成。

枝ハリスの結び

「サージャンズ・ノット」のアレンジで、枝ハリスを簡単に結ぶ方法。

1

幹イトに枝ハリスを添え、2本束ねたまま直径5〜8cmの輪を作る。

2

束ねた幹イトとハリスを輪に通し、一重結びのように軽く巻き付ける。

3
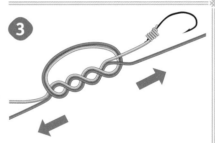

さらに2〜3回くぐらせて、両側の2本のラインを締め込んでいく。

4
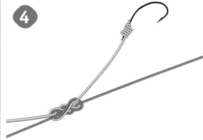

これで、枝ハリスのセットが完了。

5
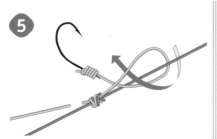

ハリスと幹イトを直角にするときは、このようにハリスを1回からめる。

6
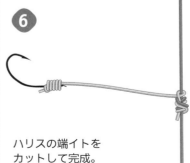

ハリスの端イトを
カットして完成。

ウキ止めの結び

ウキフカセ釣りで、ミチイトにウキ止めをセットする方法。

1

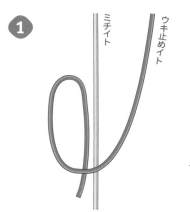

ミチイト

ウキ止メイト

長さ10cmほどにカットしたウキ止め専用イト、あるいはラインの切れ端をミチイトに添えて輪を作る。

2

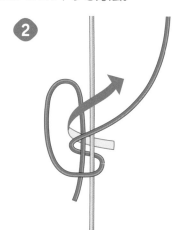

輪の中にウキ止めイトの先端を3〜5回からめていく。

3

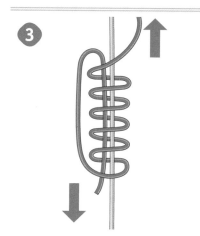

巻き付け回数が多ければずれにくくなるが、イトの太さで調整しよう。

4

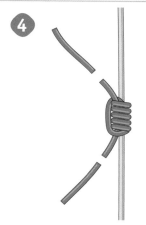

イトの両端を持って引き締め、余分の端イトを数ミリ残して切って完成。

129

リールにラインを結ぶ

「ユニノット」の輪を二重にしてスプールに固定すると滑りにくい。

1 ライン先端を20cmほど折り返して「ユニノット」を結び、輪の部分を二重にする。PEラインの場合は矢印の部分に結びこぶを作っておくと、ここがストッパーになってスッポ抜けを防げる。

2

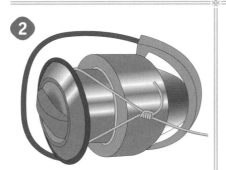

リールのベイルを返した状態で、二重の輪をスプールに通す。

3

本線をゆっくり引き締め、結び目をスプール面にピッタリ密着させる。

4

リールを竿にセットし、ラインのボビンを竿に向けた状態で巻く。また、摩擦熱を防ぐため、濡れタオルで竿とラインを挟んで片手で持ちながら巻くとよい。なお、ラインはスプールの縁ぎりぎりより、若干少なめに巻くのがコツ。

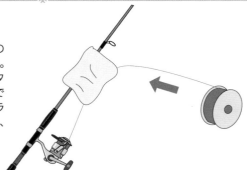

チチワ結び *Chichiwa Knot*

ノベ竿のリリアンに結ぶ

リールを使用しないノベ竿の穂先にラインをセットするための結び。

1

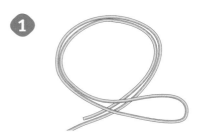

ミチイトの上端を10cmほど折り返し、さらに3cmの輪を作る。

2

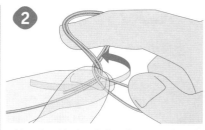

輪の中に片手の人差し指を入れて半回転させる。

3

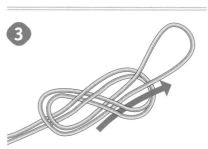

半回転させた輪の中に、最初の折り返し部分をくぐらせる。

4

しっかり締め付けたら、同じ方法で先端側にも1cmほどの小さな輪を結ぶ。余分な端イトを切る。

5

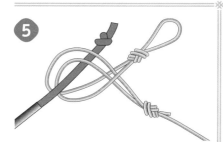

大きいほうの輪を折り重ねた状態で竿先のリリアンを通す。

6

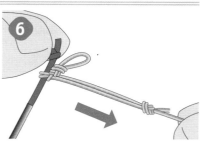

本線を引き締めて完成。外すときは小さな輪を引っ張ればよい。

4章
日常生活

荷物の梱包や風呂敷の包み方など
覚えておくと便利な結び、
また飾り結びなど
日常生活を彩る結びを
紹介しました。

P136～ 荷物を縛る

P144～ 新聞や雑誌を縛る

P154～ 壊れ物を梱包する

P156～ ふとんの荷造り

P164 袋の口を縛る

P166～ 風呂敷で荷物を包む

P190～ マットを編む

P194～ ストラップの飾りを作る

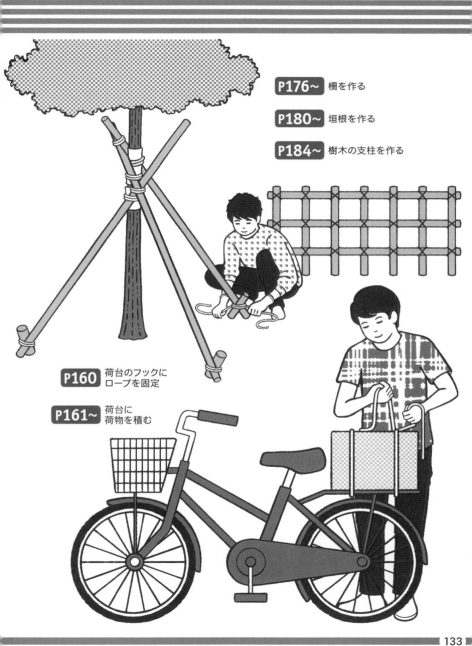

P176~ 柵を作る

P180~ 垣根を作る

P184~ 樹木の支柱を作る

P160 荷台のフックに
ロープを固定

P161~ 荷台に
荷物を積む

荷物を縛る基本

「古紙をまとめて資源ゴミとして出す」「衣装箱をロープで縛って運び
やすくする」など荷物を縛るケースはさまざまだが、どんな場合でも
荷崩れを起こさないことが肝心だ。3つの工程、**❶始端部の固定**、
❷交差部の処理、**❸末端部の固定**を確実に行おう。

始端部の固定

荷物の角を利用して端を止
めることによって、より確
実にひもを荷物に巻くこと
ができる。

交差部の処理

交差部を強固にすることに
よって荷崩れしにくくなる。
荷物の大きさ、重さによっ
て交差部を数か所設けるこ
ともある。

末端部の固定

しっかりと確実に結びたい
場合、すぐにほどけるよう
にしたい場合など、目的に
よって末端部の結び方を考
える必要がある。

荷造りの目的でひもを選ぶ

荷造りで最もよく使われるのが**PEテープ**、いわゆる**ビニールひも**。強度が高く安価なのでいろんな結びで用いられるが、滑りやすいという欠点があり、重量物を荷崩れしないように確実にまとめるのは難しい。**紙ひも**や**麻ひも**なども常備しておき、目的に応じて使い分けるとよい。

荷造りに使えるひもやロープ【1】 人工繊維ロープ

PEテープ (ビニールひも)

PEとはポリエチレンのこと。いわゆるビニールひも。安価で古紙をまとめるときによく用いられる。耐水性に優れ、薄くて軽く、伸びにくく、強度が強い。滑りやすいので、末端をしっかり処理しないとほどけることがある。

PPひも

PPとはポリプロピレンのこと。ビニールひもを細くしたようなひも。耐水性に優れ、薄くて軽く、強度が強い。PEテープよりさらに伸びにくい。すべりやすいので、末端をしっかり処理しないとほどけることがある。

4章

日常生活

荷造りに使えるひもやロープ【2】 天然繊維ロープ

紙ひも

紙を強くよったひも。細くて軽く安価だが、化学繊維製に比べると強度や耐水性に劣る。

麻ひも

マニラ麻などの繊維で作られているロープ。天然繊維の中では強度がある。柔らかく耐久性にも優れている。

木綿ロープ

木綿を編み込んだロープ。衣装箱などを縛るのに向いている。柔らかく扱いやすいが、きつく縛るとほどけにくい。

荷物を縛る 1 ── 始端を止める 1

荷物を縛る前に始端止めをするとロープが緩みにくくなる。

1

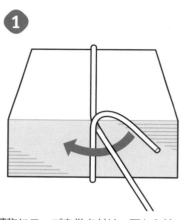

荷物にロープを巻き付け、下から持ってきたロープを角で上のロープに巻き付ける。

2

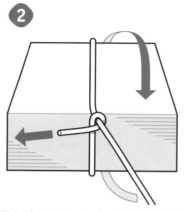

巻き付けたロープが緩まないように張力を掛けながら、もう一方をもう一度荷物に巻き付ける。

3

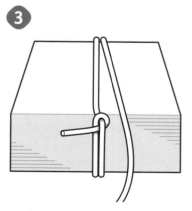

始端が荷物の角で固定されている状態。

4

始端を押さえる必要はなくなるので、楽に荷物を巻くことができる。

二重始端止め

荷物を縛る 2 —— 始端を止める 2

荷物をふた巻きして始端止めをする。摩擦が強まり緩みにくくなる。

1

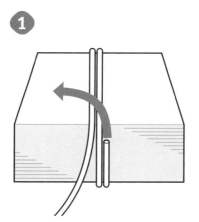

荷物にロープを2回巻き、下から持ってきたロープを角でロープの上に重ねる。

2

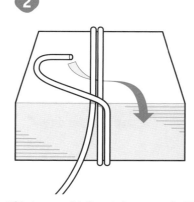

重ねたロープを角で2本のロープの下に通す。

4章

日常生活

3

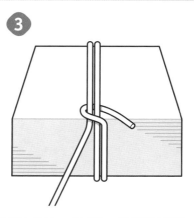

両端からロープを引いて交差部が荷物の角に来るようにして、固く引き締める。

4

交差部が角で固定されて緩まない。

137

交差部分を「の」の字に巻くとしっかり固定されて緩みにくくなる。

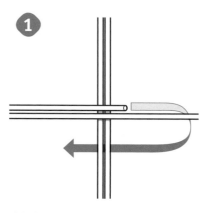

1 交差部で先端を上に重ね、下をくぐらせて左下のスペースへ出す。

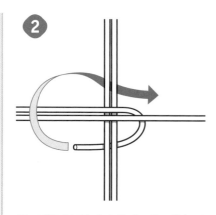

2 ロープの上で左上のスペースへ出してから、下をくぐらせて右上のスペースへ出す。

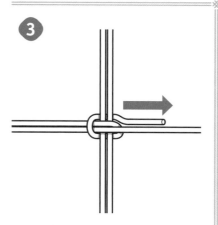

3 端を引いて交差部を締める。

4 ロープを巻き付けることで、緩みにくく、交差部がずれにくくなる。

荷物を縛る 4 —— 交差部の処理 2

交差部分を止め結びで固定するとさらに安定感が増す。

1

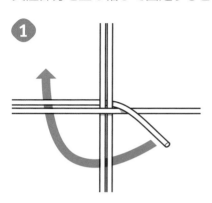

交差部で先端を下に通し、ロープの上で右上から右下のスペースへ出して掛かりを作ったら、下をくぐらせて左上のスペースへ出す。

2

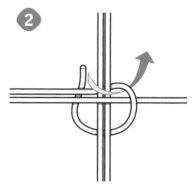

先端を **1** でつくった掛かりの輪に通す。

3

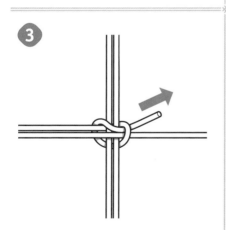

先端を引いて交差部を締める。

4

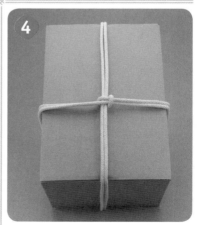

先端を強く引くと、緩まなくなり、交差部を固定できる。

本結び *Reef Knot*

荷物を縛る 5 ── 末端を結ぶ 1

紙の束などの単純で基本的な結び方。2回目の結びの向きに注意。

1

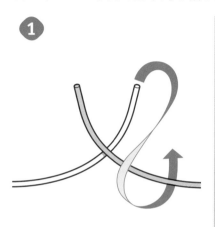

両端を持って交差させ、一方をもう一方に巻き付ける。

2

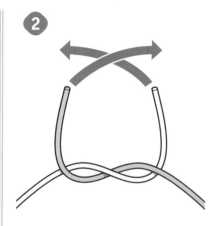

最初に巻き付けた先端を、もう一度同じ方向に巻き付けるために交差させる。

3

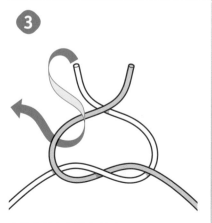

交差させたら巻き付ける。

4

両端から引いて結び目を締める。

荷物を縛る 6 —— 末端を結ぶ 2

簡単に結べて、ほどくのも楽。荷物の角で両端を強く引いて縛る。

1

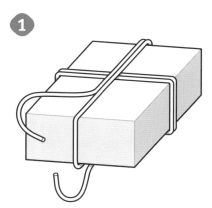

横方向に2回連続で巻き付け、束の裏で交差させてから縦方向に2回連続で巻き付け、引き締める。

2

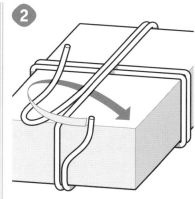

2つ折りにしたロープと、巻き付けたロープ2本に下のロープを巻き付ける。

3

下に通したロープを2つ折りにして、**2**でできた輪に2つ折りのループを通す。

4

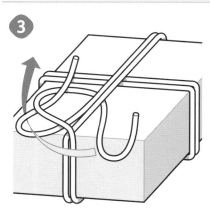

2で2つ折りにしたロープの先端を引いて、輪を締める。

141

両端を巻き付けるときロープを強く引くと、束が崩れにくくなる。

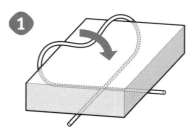

1 輪を作って交差部に荷物の中心を合わせて置き、輪を荷物の上へ持ってくる。

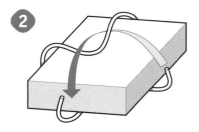

2 荷物の上に持ってきた輪に一方の端を通す。

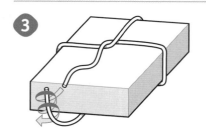

3 両端を強く引いて締めてから、角で一方をもう一方に2回巻き付ける。

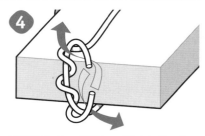

4 両端をもう一度引いて締めた後、**3**で巻き付けた端をもう一方の端に交差させて同じ方向で巻き付ける。

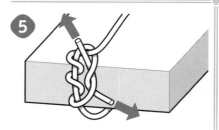

5 両端を強く引く。

6 結び目を角に合わせながら進めると、固く結ぶことができる。

垣根結び

荷物を縛る 8 —— 末端を結ぶ 4

二重始端止めで結ぶ位置を決め、両端を強く引いて結んでいくとよい。

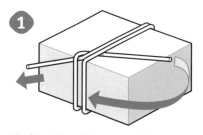

1 結び目を作る位置を「二重始端止め」にして引き締める。

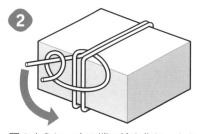

2 図のように一方の端で輪を作り、もう一方の端をその輪に通す。

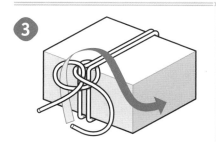

3 輪を通した端を輪に巻き付けるようにもう1回くぐらせる。

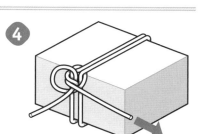

4 そのまま右へ強く引いて締める。

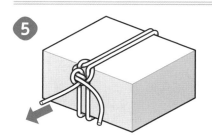

5 次に輪を作ったほうの端を強く引いて締める。

6 ロープの両端を順番にしっかりと引くと、固く強く結べる。

4章
日常生活

二重始端止め ➡ P137

143

新聞や雑誌、本を縛る 1

滑りやすいビニールひもでも手早くしっかり固定できる。

1

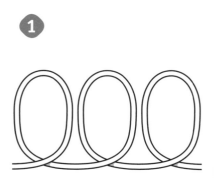

古紙の大きさ、厚さに合わせて3つの
輪を作る。少し大きめのほうがよい。

2

ここに古紙を入れる

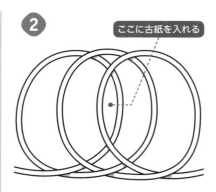

一番左の輪を下にして順に輪を重ねる。

3

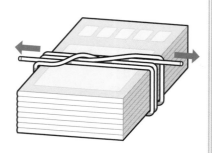

重ねた輪の真ん中に古紙の束を入れ、
両端を引き締める(「巻き結び」の変形
と同じ形になる)。

4

両端を強く引くとかなり固く結束でき
る。滑りやすいひもだったら、両端を
「本結び」などで結んでおくとよい。

新聞や雑誌、本を縛る 2

ひもの上に古紙を置いてすばやくひもを掛ける方法。

図のようにひもを交差させて床に置く。

△の部分を古紙の上に持ってくる。△が古紙の中央にくるように輪の大きさを調整しておくとよい。

4章

日常生活

ロープの端を古紙の上に巻いて△に通す。

両端を引っ張り、角で「本結び」などで止める。

新聞や雑誌、本を縛る 3

縦方向、横方向とも二重に巻けば荷崩れしにくい。

①

大きなものを下に、小さなものを上にして重ねる。

②

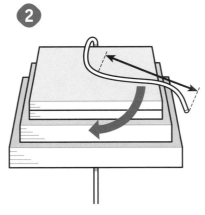

最後に角で結べる分の長さを端にとってひもを置く。

③

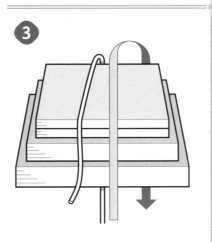

ひもを雑誌に巻く。

④

もう1周巻く。

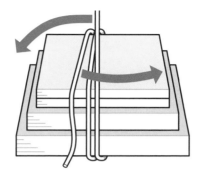

引き締めてから雑誌の上で端と元を交差させる。

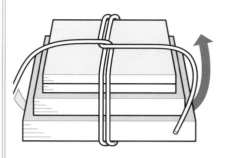

元を雑誌に巻く。

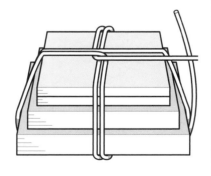

もう1周巻いて引き締める。

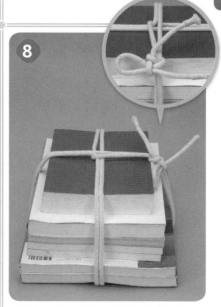

雑誌の角の部分で末端を結ぶ。「かます結び」や「垣根結び」を使うとよい。

かます結び ➡ P141   垣根結び ➡ P143
147

ダンボール箱や荷物を縛る 1

大きな箱や荷物はロープを掛けることで運びやすくなる。

1

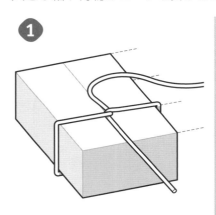

手前から長辺の3分の1の位置にロープを巻き付けてから、からめて交差させる。

2

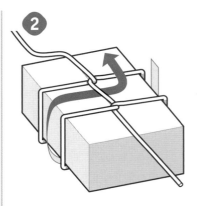

手前のロープに張力を適時掛けながら、3分の2の位置でも同様に縛って引き締める。

3 箱を裏返したところ

箱を裏返し、巻いてあったロープとの交差部に巻き付ける。

4 箱を裏返したところ

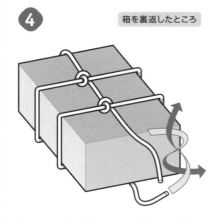

縦にロープを巻き、表の角部で両端同士を矢印のように巻き付ける。

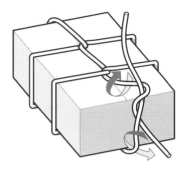

引き締めて固定し、さらに1、2回
巻き付ける。

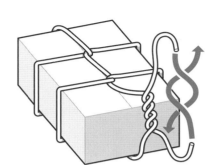

先端を折り返し、先ほどと同じ方向で
巻き付け「外科結び」にする。

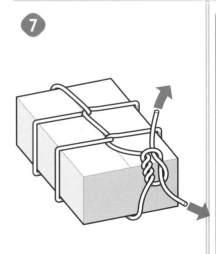

結び目を引き締める。

横と縦のロープが直角になるようにして、
固定していくと緩みにくい。

外科結び ➡ P142

井の字掛け + 外科結び　Surgeon's Knot

ダンボール箱や荷物を縛る 2

大きな荷物の場合、キの字掛けの要領で、「井」の字にすると安定する。

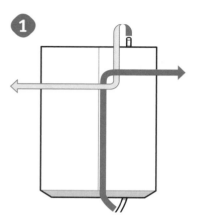

1

箱の右寄りで下から巻いたら、右上でからめて交差させ方向を変える。

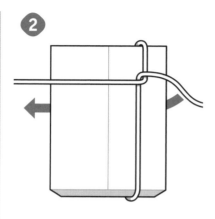

2

右のロープで箱の下を巻く。

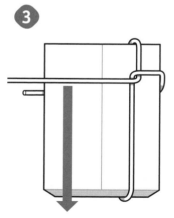

3

左のロープを手前へ折る。

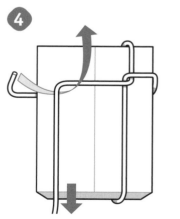

4

ロープを左上でからませて交差させ方向を変える。

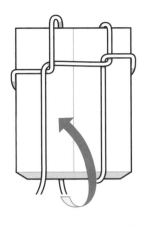

向こうへ出したロープで箱の下を巻いて上へ出す。

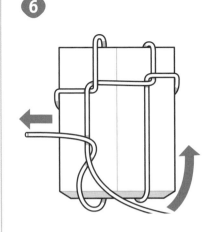

左下で両端をからませて交差させ方向を変える。

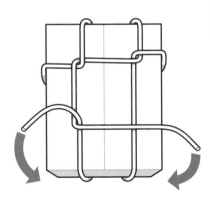

一方の端で箱の下を巻いて上へ出したら、角で「外科結び」にする。

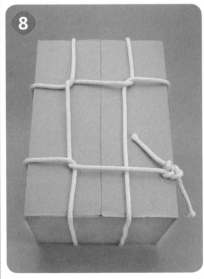

結びが漢字の井の字になる。大きな荷物を結ぶのに適している。

外科結び ➡ P142

ダンボール箱や荷物を縛る ③

「行李」とは竹などで編んだ衣装箱のこと。これを縛るのに用いられた。

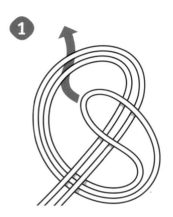

1

ロープを2つ折りにしてから輪を作り、折った先端を輪に通す（「二重止め結び」）。

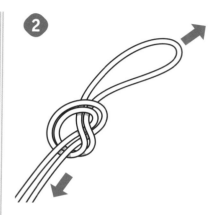

2

箱の大きさに合わせた位置（**5 6**の位置参照）に結び目を作る。

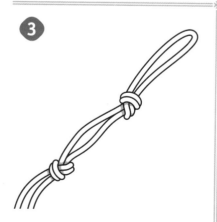

3

結び目をもう一つ、箱の大きさに合わせた位置（**5 6**の位置参照）に作る。

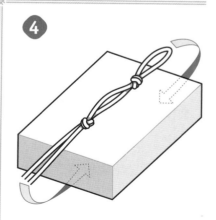

4

表側で2つの結び目の位置を合わせ、ロープを箱の裏へ折り返す。

二重止め結び ➡ P20

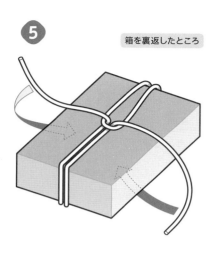

5 箱を裏返したところ

裏側で2本の端を先端の輪に通し、方向を変えたら表側へ持っていく。

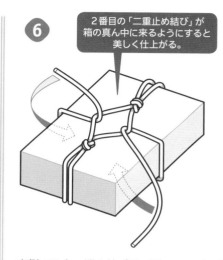

6 2番目の「二重止め結び」が箱の真ん中に来るようにすると美しく仕上がる。

表側で2本の端を結び目の間のロープにからめて折り返し、裏側へ持っていく。

7 箱を裏返したところ

裏へ出したロープを巻いてあるロープの下に通して巻き付けて表へ出す。

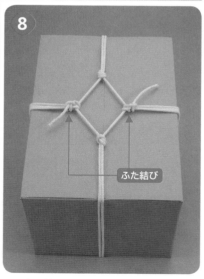

8

ふた結び

2本の端を図のように「ふた結び」で結び付ける。

ふた結び ➡ P10

壊れ物を梱包する 1

壊れ物は緩衝材（新聞紙など）で保護してから梱包する。

食器類

緩衝材で壊れ物を包む。新聞紙を使う場合は丸めてしわをつけてから包むとよい。

皿類

食器と食器の間に1枚ずつ新聞紙をはさむ。箱に詰めるときは、軽く丸めた新聞紙をすき間に詰めて動かないようにする。

補足

梱包したダンボール箱には「割れもの注意」などと記入しておこう。

鏡など板状の割れ物を保護する方法

1 鏡をダンボールに置く。所々に切れ目を入れる。

2 鏡面を包むように折り曲げてテープで止める。

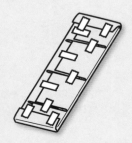

壊れ物を梱包する 2

ダンボールで包んでから梱包する。周囲に緩衝材を入れること。

1

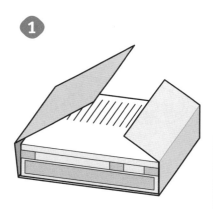

緩衝材としてのダンボールを機器に合わせて切り、包んでからテープで止める。

2

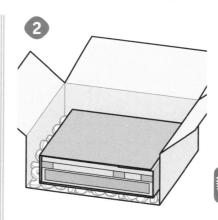

梱包用のダンボール箱の下に緩衝材を入れる。

3

緩衝材の上に機器を乗せる。機器の周囲や上に緩衝材を詰める。

4

ふたを閉じたら、周囲をロープで縛る。「取り扱い注意」などと記入する。

4章

日常生活

ふとんの荷造り 1

ふとん袋の結び方。上からさらにロープを掛けておくと運びやすい。

1

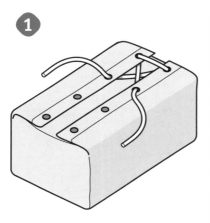

専用のひもを半分にして左右の長さを合わせてから、ふとん袋の穴に通す。

2

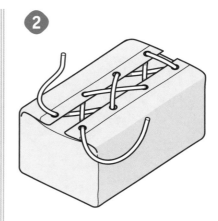

穴を1回通すごとに交差させる。ときどきひもを引いて締める。

3

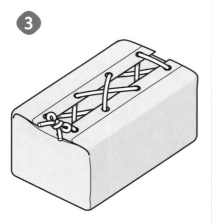

最後まで終わったら、「はな結び」。

4

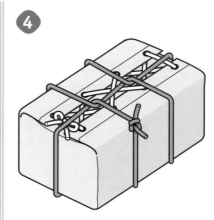

ふとん袋の上から、さらに「キの字掛け」などで縛ると持ち運びに便利。

はな結び ➡ P14　キの字掛け ➡ P148

ふとんの荷造り 2

ふとん袋がない場合、大きな布で代用。使い古したシーツなどが便利。

1

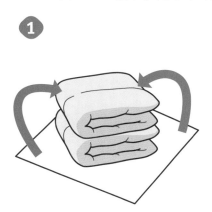

四角くたたんだふとんを布の対角線上中央に置き、向かい合う端で包む。

2

ふとんを上から圧縮しながら包み、残った端でも包む。

3

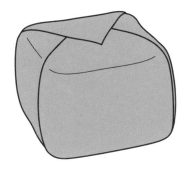

布を整える。

4

空気が入らないように押さえながら、「キの字掛け」などで縛る。

4章

日常生活

重い荷物に持ち手をつける

持ち運びしやすいように太さのあるロープで持ち手をつける結び。

1

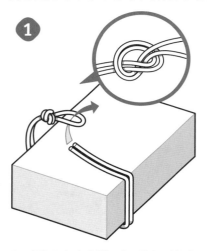

２つ折りにした先端で「二重止め結び」を作り、荷物の長辺の３分の１のところで巻き付けて端を輪に通す。

2

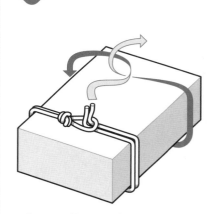

３分の２の位置でも巻き付けてから、からませて引き締める。

3

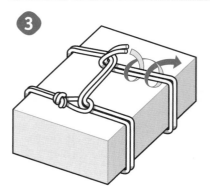

端を「ふた結び」で結べば、真ん中に持ち手ができる。

4

バランスよく持てるように、持ち手の長さや位置を決めてから結ぶ。

びんやボトルを吊る

飲み口の部分にロープを引っ掛けて吊す結び。

1

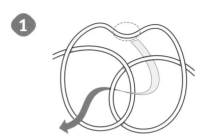

ロープの中央に2つの輪を作って重ね、上部を真ん中から引き出す。

2

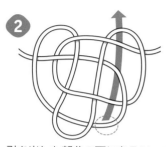

引き出した部分の下にあるロープを後ろから折り返す。

3

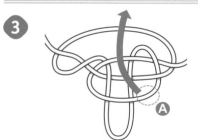

今度は引き出した部分の上にある🅐の輪を矢印のように折り返す。

4

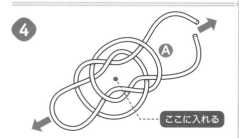

ここに入れる

ロープの中央にできた空間にボトルを入れ、ロープを締めながら両側から持ち上げる。

5

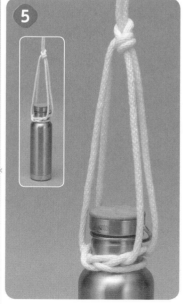

大きな植木鉢を運んだりするときにも使える。

159

ふた結び／巻き結び、ひと結び

荷台のフックにロープを固定

荷崩れを防ぐには端をしっかり固定することが肝心。

ふた結び Two Half Hitches

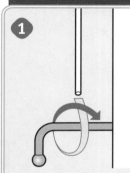

1 フックにロープを巻き付ける。

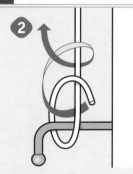

2 端を「ふた結び」にする。

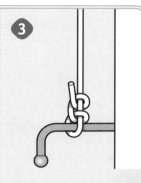

3 端を引き締める。

巻き結び＋ひと結び Clove Hitch　Half Hitch

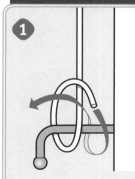

1 フックにロープを「巻き結び」で結ぶ。

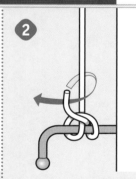

2 端をロープの元に「ひと結び」する。

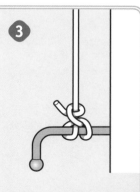

3 端を引き締める。

160 巻き結び ➡P11 ひと結び ➡P10

荷台に荷物を積む 1 自転車・バイク

バイクなどの荷台に荷物を固定。事故を防ぐためにも確実に結ぶこと。

1

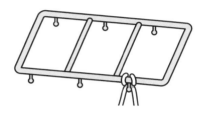

ロープの端を少し残して2つ折りにし、キャリアのフックに引っ掛ける。

2

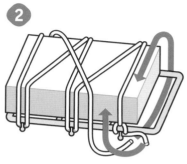

ロープの長い方で荷物を固定していく。特に決まりはないが、横、斜めなどバランスよく。

4章

日常生活

3

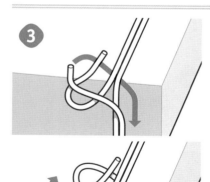

荷物の角で2つ折りにした端と巻き付けたロープの下へもう一方の端を通し、その端を2つ折りにして輪に通す。

4

両側から引いて締める。

トラッカーズ・ヒッチ　Trucker's Hitch

荷台に荷物を積む 2 トラック

運送のプロも使っている荷物をロープで固定するための末端部の結び。

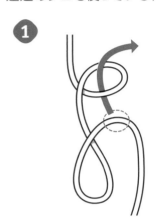

1 ロープの中間に小さい輪を作り、2つ折りにした先端部を通して輪を締める。

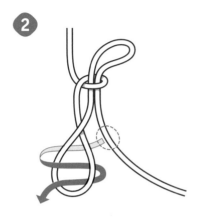

2 下にできたループを図のような輪にして、2つ折りにした端を通す。

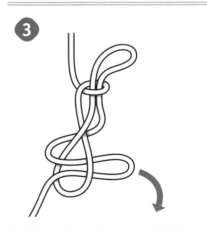

3 輪を通したループをフックに掛けるために下へ持っていく。

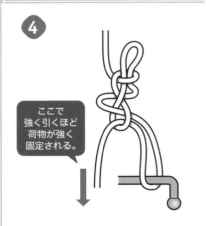

ここで
強く引くほど
荷物が強く
固定される。

4 ループを荷台のフックに掛けたら端を引いて締める。

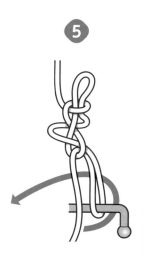

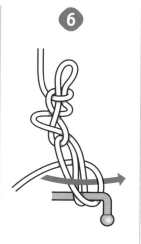

ロープが締まったら端をフックに掛けて元にからませる。

端を2つ折りにして図のように通して引き解けの形にする。

余ったロープは結びに巻き付けておく。

荷物をしっかり固定するには？

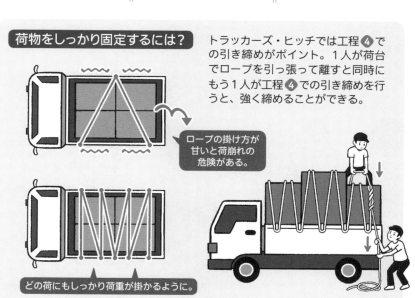

トラッカーズ・ヒッチでは工程④での引き締めがポイント。1人が荷台でロープを引っ張って離すと同時にもう1人が工程④での引き締めを行うと、強く締めることができる。

ロープの掛け方が甘いと荷崩れの危険がある。

どの荷にもしっかり荷重が掛かるように。

粉屋結び

袋の口を縛る

袋の口を片手で閉じ、もう片方の手で結ぶ。慣れると手早くできる。

1

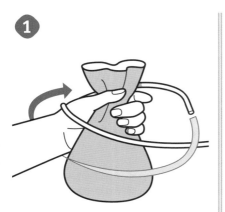

袋の口を片手で持ち、ひもを手首の上に掛けてから手首の下側へ持っていく。

2

1周目のひもの下側で2周目を巻く。

パターン〈1〉 **3**

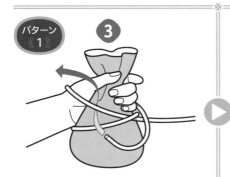

1周目のひもの下へ図のように端を通す。

4

ひもを軽く締めてから手を抜き、両端を引いて強く締める。

パターン《2》

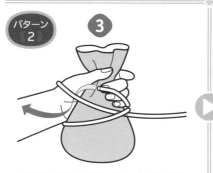

3

1周目のひもの下へ図のように端を通す。

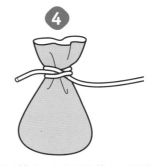

4

ひもを軽く締めてから手を抜き、両端を引いて強く締める。

パターン《3》

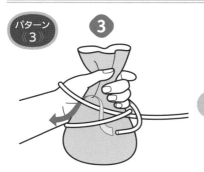

3

1周目と2周目のひもを編むように通す。

4

ひもを軽く締めてから手を抜き、両端を引いて強く締める。

パターン《4》

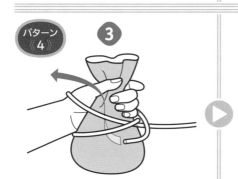

3

先端のひもを1周目と2周目のひもの下に通す。

4

ひもを軽く締めてから手を抜き、両端を引いて強く締める。

丸包み

風呂敷で球体を包む

すいかなどの球体を包む。持ち手を引くと自然に締まり安定する。

1 風呂敷の中央に球体を置き、隣り合う角同士を結ぶ。

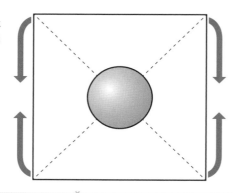

2 風呂敷は筒状になる。

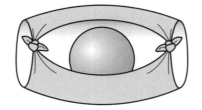

3 一方の結び目をもう一方の結び目の下へくぐらせる。

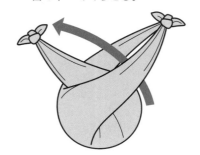

くぐらせた結び目を引いて、形を整える。

風呂敷をバッグにする

風呂敷を四角もしくは三角に折って袋状にする。

パターン《1》	四角に折る

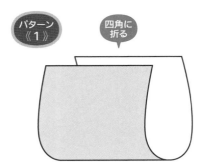

1 風呂敷を半分に折る。

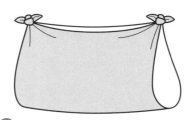

2 重なった角同士を「本結び」で結ぶ。

結び目同士を近づけて持つと、風呂敷の中央が袋状になる。

パターン《2》	三角に折る

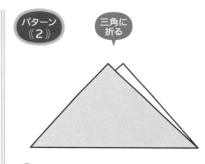

1 対角線で半分に折る。

2 折った角を「止め結び」にする。

残りの2つの角を結ぶと、風呂敷の中央が袋状になる。

本結び ➡ P140　止め結び ➡ P8
167

風呂敷で荷物を包む 1

簡単でほどけにくいので、弁当箱など四角いものを包むときに。

1

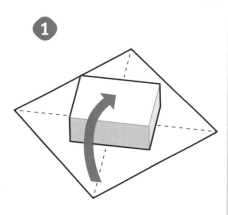

風呂敷の中央に荷物を置き、手前を折り返して荷物にすき間なくかぶせる。

2

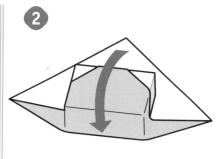

向こうからも同じようにかぶせる。

3

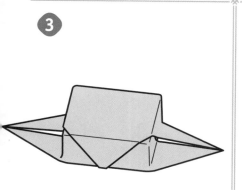

左右の端を軽く引っ張って整える。

4

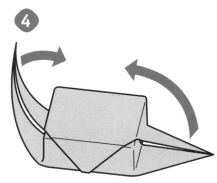

左右の端を中央に向かって折る。

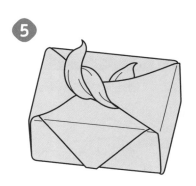

⑤

中央で「本結び」をする。

⑥

ほどけにくいので、弁当箱のふたもずれない。

風呂敷の端と端の結び方

端に余裕があるのなら「はな結び」にしたほうがほどきやすくなる。

本結び

① 端同士を巻き付ける。

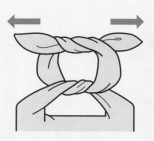

② 「本結び」で締める。

はな結び

① 端同士を巻き付ける。

② 端を2つ折りにして本結びをする。引き解けの形になってほどきやすくなる。

本結び ➡ P140 **169**

風呂敷で荷物を包む 2

包んだ後、端を結ばない方法

風呂敷でものを包む基本の形。結び目のない、格式張った包み方。

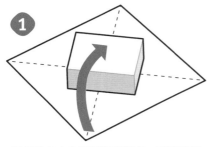

1 風呂敷の中央に荷物を置き、手前を折り返して荷物にすき間なくかぶせる。

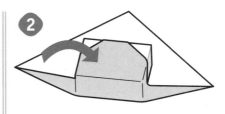

2 左端を折り返して荷物にすき間なくかぶせる。

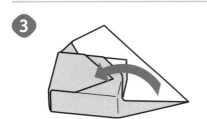

3 右端を折り返して荷物にすき間なくかぶせる。

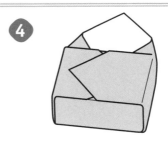

4 折り目を合わせて整える。

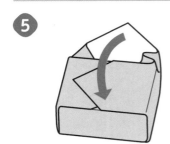

5 残る端を向こうからかぶせる。

6 風呂敷の辺と荷物の辺を合わせると、見た目にもきれいに仕上がる。

風呂敷で荷物を包む 3

2か所で結んで固定する方法。長いものを包むときに使える。

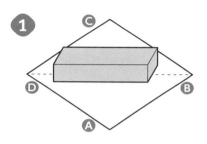

1 風呂敷の対角線上に包むものを置く。

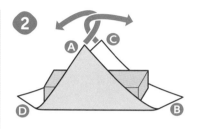

2 風呂敷の裏が見えないようにしながら**A**と**C**を交差させる。

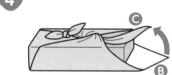

3 **D**を荷物に掛けて包み、**A**と**D**を「本結び」にする。

4 **B**を荷物に掛けて包み、**B**と**C**を「本結び」にする。

5 形を整える。

本結び ➡ P140

風呂敷でびんを包む 1

日本酒などのびんを包む。運ぶための持ち手があり、見た目も美しい。

1
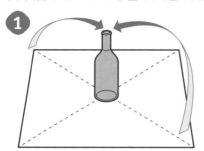

風呂敷の中央にびんを置いたら角を持ち上げ、三角折りにしてびんを包む。

2
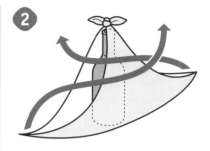

角を「本結び」で結んだら、残った両端を持ち上げ手前で交差させる。

3
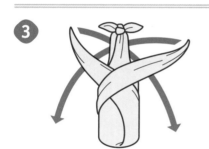

そのままびんの肩に巻き付けながら整える。

4
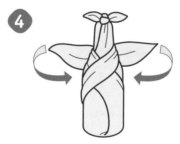

巻き付けた端を手前に出す。

5

「本結び」で結ぶ。

6

形を整えて完成。

風呂敷でびんを包む 2

2本のびんを運べる。持ち手があり運びやすく、風呂敷が緩衝材に。

1

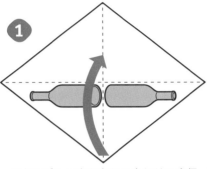

2本のびんの底を向かい合わせて直径の倍離して置く。

2

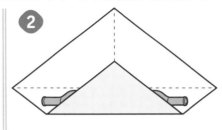

手前の角を掛けて包む。

4
章

日常生活

3

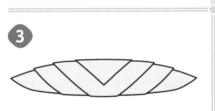

びんと風呂敷にすき間ができないように転がして巻き付ける。

4

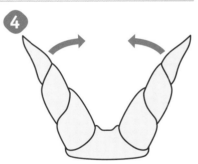

2本のびんの首を持って立たせる。

5

両端を「本結び」で結ぶ。

6

形を整えて完成。

本結び　Reef Knot

2本のびんを縛る

長いもの2本をロープで縛る方法。下部で固定、上部を持ち手に。

①

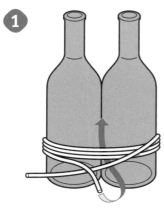

びん2本の下部にロープを3〜4回巻き付け、図のように交差させてから上にあるロープを他のロープの下へくぐらせる。

②

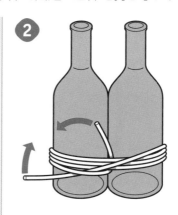

くぐらせたロープをもう一方の端と「本結び」で結ぶ。

③

❶で巻き付けたロープを「本結び」で巻き取った形になる。

④

ここを強めに巻くと運ぶときにロープのずれを防げる。

次に別のロープでびんの首を結ぶ。2本に3〜4回巻き付けたら、上側のロープでそれぞれのびんを1〜2回ずつ巻く。

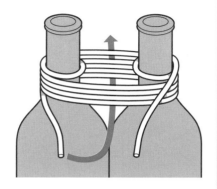

一方のロープで巻き付けたロープを矢印のように巻く。

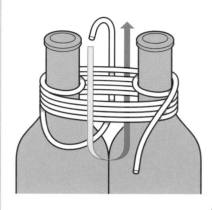

さらにもう一度巻く。

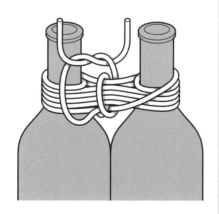

端同士を「本結び」などで結ぶ。

形を整えて完成。

本結び ➡ P140　175

固め結び　Constrictor Knot

柵を作る 1 —— 丸太にロープを巻いて作る

花壇などの境界を示す簡単な結び方。杭を打ち、ロープを張る。

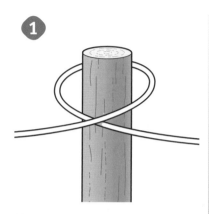

1

杭にロープを緩く1回巻き付ける。

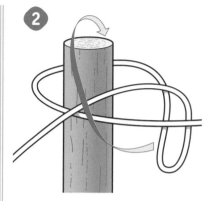

2

巻き付けた輪の向こう側を、下側にあるロープの下へくぐらせてから支柱に通して掛ける。

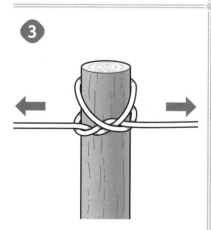

3

両側から引いて結び目を締める。

4

長いロープの途中で結ぶことができ、簡単に柵を作ることができる。

柵を作る 2 —— 丸太に穴を空けて作る

支柱に穴を開けてロープを通す柵。シンプルな結び目がきれい。

1

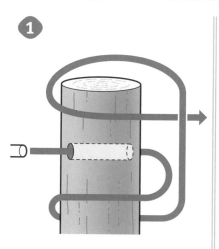

穴の開いた支柱にロープを通し、下側で図のようにロープを巻き付け、上側で輪を作る。

2

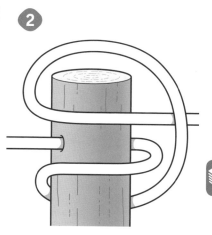

輪を支柱に掛ける。

4
章

日常生活

3 両端を引いてきつく締めてから、隣の支柱を結ぶ。

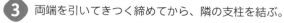

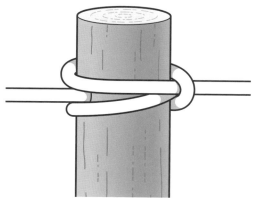

177

柵を作る ③ ── 手早く作る方法 1

「巻き結び」で固く結んでから、次の支柱を結ぶのがポイント。

1

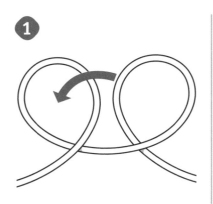

輪を2つ作り、図のように重ねる。

2

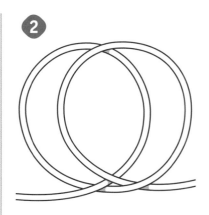

中央にできた空間に支柱を入れる。

3

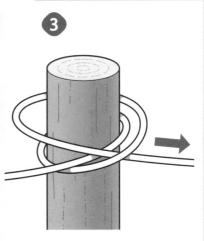

輪を重ねたまま支柱に掛け、ロープの先を引っ張る。

4

張りを調整して、結び目をしっかり締める。

柵を作る 4 ── 手早く作る方法 2

簡単にほどくことのできる結び方。一時的に柵を立てるときに便利。

1

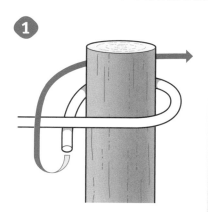

支柱に巻き付けたら先端をロープの下へくぐらせ、上で支柱の後ろに回す。

2

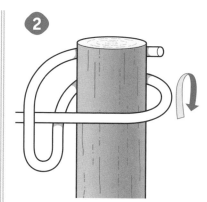

巻き付けたロープを半周ひねる。

3

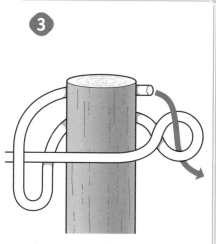

ひねってできた輪にロープの端を通す。

4

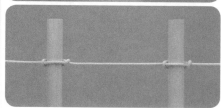

ロープの先を強く引っ張り締める。

裏十字

垣根を作る 1 —— 交差部のひもの掛け方 1

垣根にひもを掛ける方法の一つ。裏で十字になる掛け方。

1

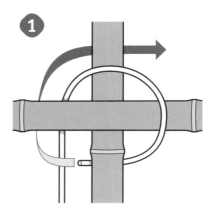

支柱と横棒の交差部でロープを斜めに掛け、裏で元にからませる。

2

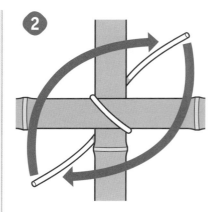

両端を表へ出す。

表

裏

表に出した両端をそれぞれの対角方向へ引いて締める。

裏二の字

垣根を作る 2 —— 交差部のひもの掛け方 2

垣根にひもを掛ける方法の一つ。裏で「二」の字になる掛け方。

1

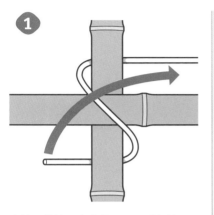

支柱と横棒の交差部でロープを斜めに掛け、横棒に巻き付けて表へ出す。

2

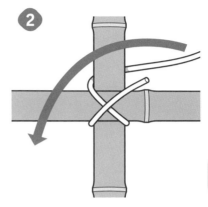

もう一方の端は横棒に巻き付けて表へ出し上へ持っていく。

4章

日常生活

両端をそれぞれの対角方向へ引いて締める。裏では、結びが「二」の形になる。

垣根を作る 3 —— 組んだ竹を固定する

垣根の交差部を美しく見せる結び方。

竹を十字に組んで「裏二の字」でひもを掛けていく。縦の竹にイラストのようにひもを巻いて交差させる。

左の端を縦の竹の後ろから右に回し、交差しているひもの下を矢印のように通す。

交差したひもの下を通していく。

「裏二の字」で結束できた状態。もう一方の端を矢印のように組んだ竹のところで1周させる。

裏二の字 ➡ P181

④でできた輪にもう一方の端を矢印の
ように通す。

端を折り返して矢印のように2本の元
の下を通して輪から抜く。

矢印のように一方を引くと輪が小さく
なって結び目が締まっていく。

形を整えながら結び目を締めて、余っ
たひもはカットする。

樹木の支柱を作る 1

樹木の支柱を作るときの結び。支柱を地面に打ち、横木を「角縛り」で結節する。

1

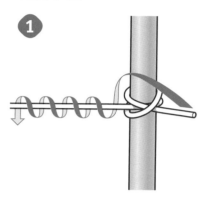

支柱に「巻き結び」で結び、先端を元に3〜4回巻き付ける。

2

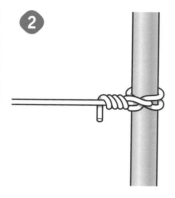

この結びの上に横棒を合わせて固定する。

3

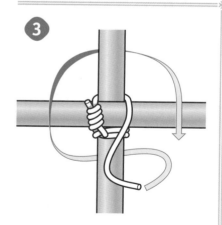

図のように支柱と横棒にロープをからめながら重ならないように4〜5回巻き付ける。

4

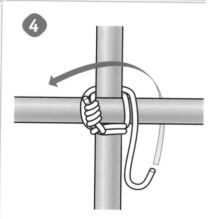

次に横棒の後ろへ回し、巻く向きを変える。

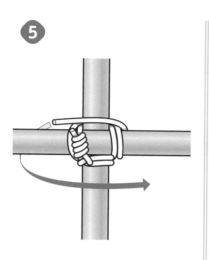

5

❹と同様に巻き付けていく。

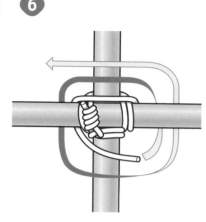

6

３〜４回巻き付ける。

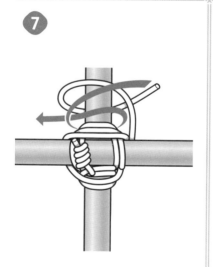

7

最後は「巻き結び」などで結ぶ。

8

樹木の両側に作って支える。

樹木の支柱を作る 2

樹高があり、幹の太い木の支柱に。根元を二股にして強度を出す。

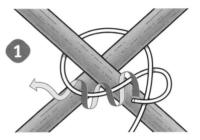

1 2本の支柱を交差させて、「ねじ結び」で結び付ける。

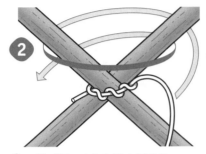

2 ❶の結び目の上から巻き付ける。

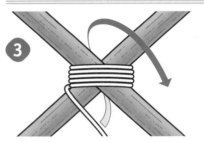

3 1巻きするごとに固く締めて、3〜4回巻き付けたら方向を縦に変える。

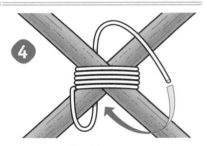

4 同じように巻き付ける。

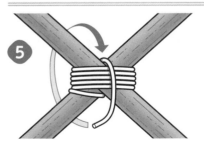

5 1巻きごとに固く締めながら3〜4回巻く。

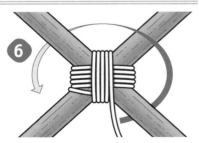

6 ここでもう一度強く締める。

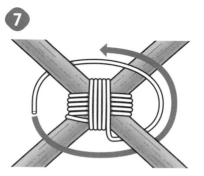

7

支柱の前後へ互い違いにロープを通していく。

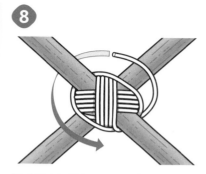

8

強く締めながら3～4回巻き付ける。

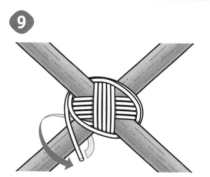

9

最後にもう一度強く締める。

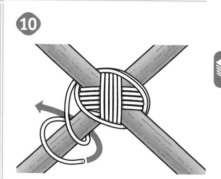

10

1本の支柱に「巻き結び」で結び付ける。

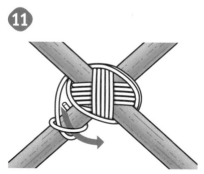

11

先端を強く引いて締める。

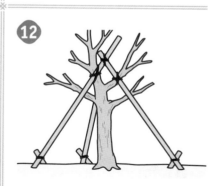

12

両側から樹木を支える。

巻き結び ➡ P11

4章

日常生活

額縁を壁に掛ける

常に重量がかかるので、ほどけない結びが適している。

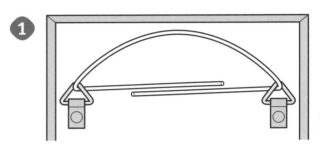

1

額縁の裏にある金具にひもを通す。

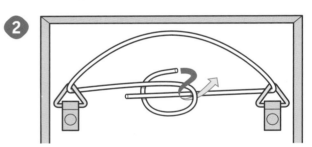

2

一方をもう一方の元に巻き付け、「止め結び」の要領で結ぶ。

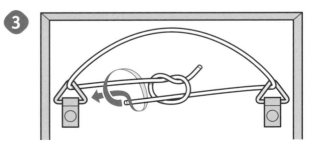

3

もう一方も同様に巻き付けて結ぶ。

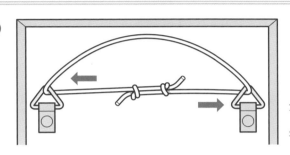

結び目を締める。

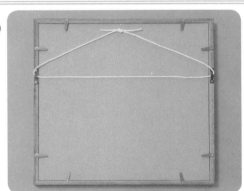

元を左右に引っ張って結び目を引き寄せる。

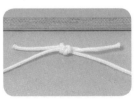

完成。滑りやすいひもの場合は「二重テグス結び」にするとよい。

フックをどこに掛けるか？

額縁が小さければ1本のひもに掛けてもよい。額縁が大きい、また重量がある場合は、金具にひもを数回通して何重かにし、数本をまとめてフックに掛けると安定する。

重量がある場合は何重かにしてフックを掛ける。

結び目にはフックを掛けないように。

二重テグス結び ➡P40

189

フロアマットを編む ①

ひもを編んで作るフロアマット。ひもや編む回数を変えて自分好みに。

1

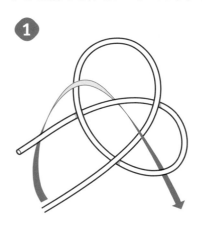

一筆書きのような形を図のように編んでいく。

2

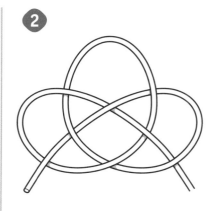

3つの輪の大きさと配置を整える。

3

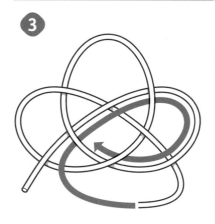

4つ目の輪を作って1周目を終える。

4

1周目の内側に2周目、3周目を編み、裏側で始点と終点を接着して固定する。

フロアマットを編む 2

P190と同じ要領で規準の輪を増やしたマット。

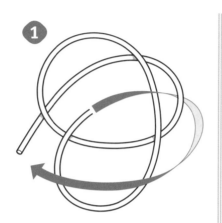

1 最初の輪の大きさが、マットのサイズを決める。

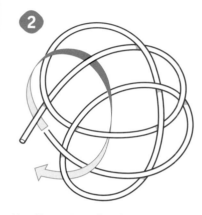

2 輪の位置を少しずつずらしながら、規準となる形を作っていく。

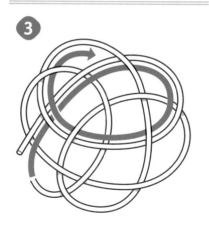

3 6つ目の輪を作り、その内側に2周目、3周目を編み込んでいく。

4 最後に裏側で、始点と終点を接着して固定する。

フロアマットを編む 3

編み込む輪を楕円にするとマットの形も卵型になる。

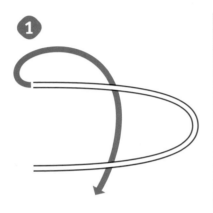

ロープを2つ折りにする。一方を矢印のように回して輪を作る。

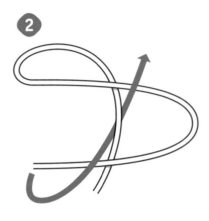

もう一方も矢印のように回して輪を作る。

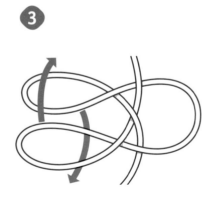

作った2つの輪を重ねる。

一方の端を矢印のように通す。ロープの重なりに注意。

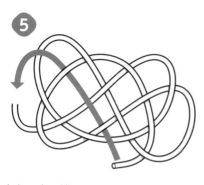

5

もう一方の端をロープの重なりに注意しながら矢印のように通す。

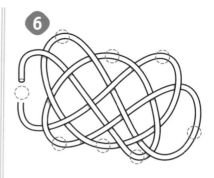

6

○をつけたところが完成したときに凸部分になる。

7 一方の端をもう一方に沿わせながら3周ほど編み込む。

8 最後に、裏側で端を接着して固定する。

ストラップの飾りを作る 1

結び目を飾りにして輪を作る。形を整えながらひもを送るのがコツ。

1

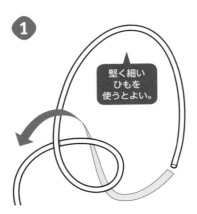

堅く細い
ひもを
使うとよい。

ひもの中間で少し大きめに輪を作り、
端を輪の下に通しながらからめる。

2

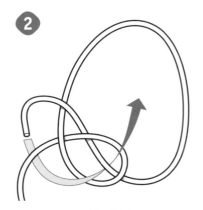

端を図のように輪へ通す。

3

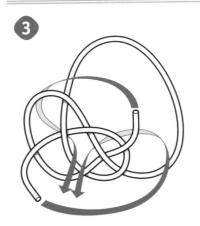

両端を図のように通す。結び目を整え
ながら締める。

4 輪の結び目を大きく目立たせる
ことで、ストラップの飾りにす
ることができる。

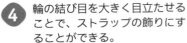
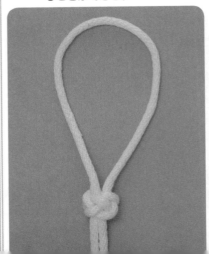

ストラップの飾りを作る②

端に向かってひもを順に送りながら形を整えるのがコツ。

1

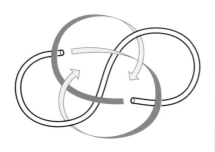

図のようにロープを通す。

2

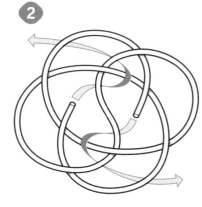

図のようにロープを通す。

3

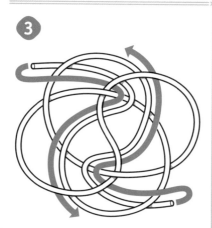

もう一度同じようにひもを通して二重
にする。

4 端に向かってロープを送り込み
ながら、球状に整えていく。

1本ずつ
ひもを
送りながら
形を整える。

ストラップの飾りを作る 3

中心にビー玉を入れて作るときれいな形になる。

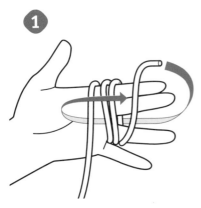

1

手の指に図のように3回巻き付けてから、開いた指の間で先端をひもに巻き付ける。

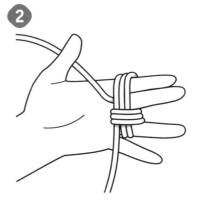

2

3回巻き付けたら、ひもがほどけないようにしながら指を抜く。

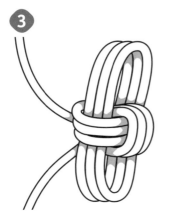

3

横に巻いたひもの中にビー玉を入れ、縦に3回巻き付ける。

4

ひもを結んだ順に少しずつ送って形を整えながら締めていく。

植木鉢をロープで飾る

円筒形のものに装飾する結び。先をていねいに送っていくのがコツ。

1

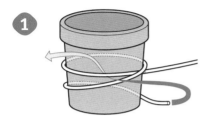

図のように植木鉢に2周ロープを巻く。
巻き付け方に注意。

2

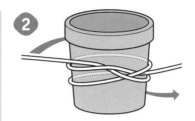

端を鉢の裏側に回して表に持ってくる。

4
章

日常生活

3

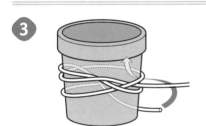

図のように端を巻いたロープに通す。

4

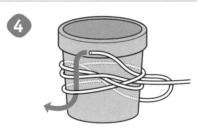

図のように端をロープに通す。これで
1周が出来上がり。同様にロープに沿
って送りながら巻く。

5

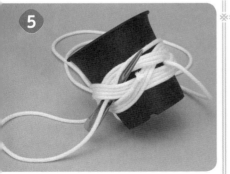

形が崩れないように何周か巻いていく。

6 形を整えて完成。端はロープの
下に差し込んでおく。

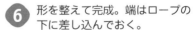

5章
レスキュー

ケガ人を背負うための結び、
高所から降りるための結び、
包帯や三角巾の巻き方など、
緊急事態のときに役立つ
結びを集めました。

P208〜 ロープを投げる

P210 負傷者を
高所から下ろす

P212〜 縄ばしごを作る

P214 自分の体に
ロープを結ぶ

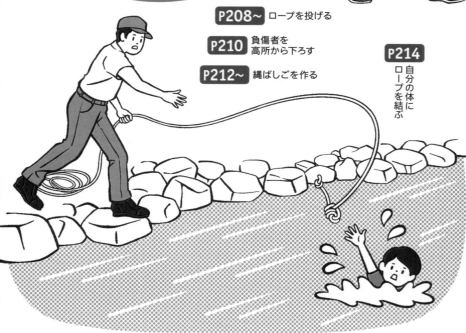

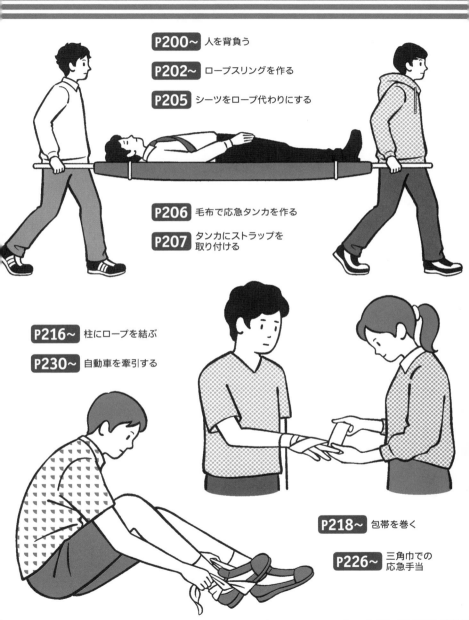

P200~ 人を背負う

P202~ ロープスリングを作る

P205 シーツをロープ代わりにする

P206 毛布で応急タンカを作る

P207 タンカにストラップを取り付ける

P216~ 柱にロープを結ぶ

P230~ 自動車を牽引する

P218~ 包帯を巻く

P226~ 三角巾での応急手当

人を背負う ①

スリングは登山以外でもさまざまな場面で使える。

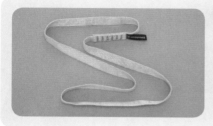

スリングとは？

テープを編み込んで輪の状態にしたもので、強度が非常に高い。立ち木や岩などに巻くことによって体重を預けるときに用いられるが、人を背負ったりするときにも使える。登山専門店で購入するように。

1

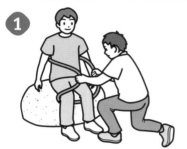

スリングを負傷者の背中側から、わきの下と太ももの下に通す。

2

手前に引き出したスリングを両肩に掛ける。

3

負傷者の太ももにタオルなどを挟むといい。

肩に負傷者の両腕を掛けてもらい、太ももを持って背負う。

4

背負う人の肩にもタオルなどを挟むといい。

予備のスリングがあったら、イラストのように掛けると安定する。

ロープの束を使う

人を背負う 2

ロープを束ねたものをスリングの代用として使い、負傷者を背負う。

1 ロープを束ね、半分ひねって8の字にする。

2 負傷者の両足に通す。

肩に手を掛けて支えながら、ロープを両肩に掛ける。

負傷者の太ももを支えながら背負う。

ロープをまとめる ➡P250　**201**

5 章
レスキュー

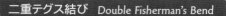

二重テグス結び　Double Fisherman's Bend

ロープスリングを作る 1

ロープの端同士を結ぶことでスリングを作ることができる。

1

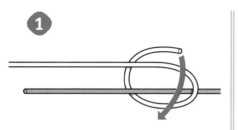

ロープの端同士を並べて一方を図のようにもう一方のロープに巻く。

2

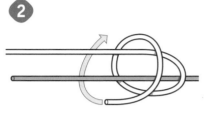

矢印のようにもう1周巻く。

3

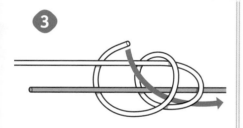

輪の中に端を矢印のように通す。通し方に注意。

4

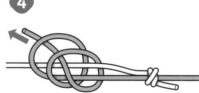

端を締める。もう一方も同様に結んで締め、2つの結び目を寄せていく。

5

両方の元を引っ張って2つの結び目を引き寄せる。

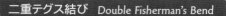

ロープスリングを作る 2

滑りやすいロープでも丈夫なスリングを作ることができる結び。

1

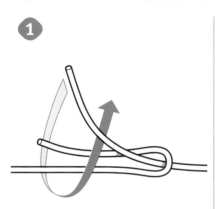

一方の端を2つ折りにし、もう一方をそこへ通してから図のように巻き付ける。

2

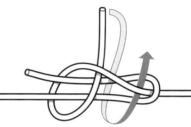

もう一度矢印のように巻き付け、端を図のように通す。

3

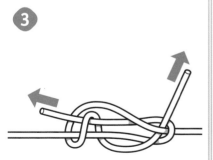

両方の端と元を引いて結び目を締める。

4

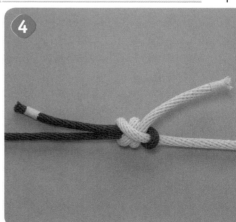

結び目を整えて完成。

ふじ結び Water Knot

テープスリングを作る

平形テープの両端を結ぶことによってスリングを作ることができる。

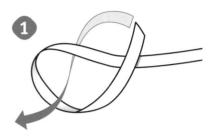

1

登山用テープの端を輪にして先端を矢印のように通す。

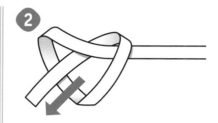

2

まだ締めずにしておく。

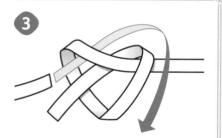

3

もう一方の端を図のように通す。

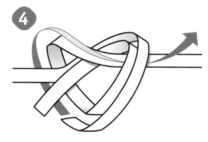

4

図のように輪を作ったスリングに沿わせながら輪に通す。

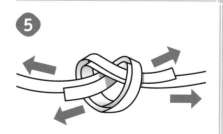

5

両側から引いて、結び目を締める。

6

テープの面の向きに注意しながら結ぶ。

シーツをロープ代わりにする

緊急時の脱出などに、シーツを数枚つないでロープとして使用する。

1

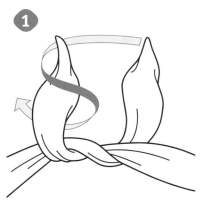

2枚のシーツの角を絞って、「本結び」にする。シーツの先に少し余裕を持たせておく。

2

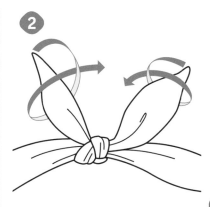

余らせた部分で、「止め結び」を作る。

5章 レスキュー

3

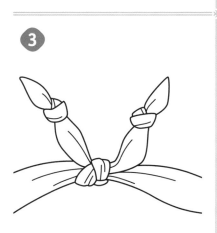

止め結びがストッパーとなるので、シーツの先が抜けない。

4

複数枚のシーツをつないで、緊急時のロープ代わりにできる。

本結び ➡ P140　止め結び ➡ P8　**205**

本結び Reef Knot

毛布で応急タンカを作る

金属製の太い物干し竿など2本と毛布で作る。ロープで補強すると安全性が増す。

 1

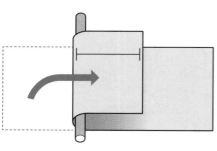

毛布の長辺の約 $\frac{1}{3}$ のところに棒をおいて毛布を折りたたむ。

2

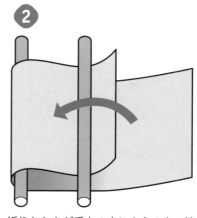

折りたたんだ毛布の上にもう1本の棒を載せて毛布のもう一方を折りたたむ。

3

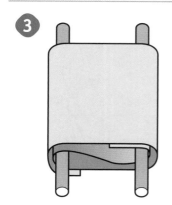

この状態でも人を乗せることができる。毛布が棒から外れないか確かめること。

4

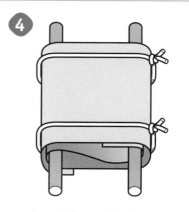

ロープを2本掛けて本結びで端同士を結ぶ。ロープを巻くことによって安全性が増す。

ひばり結び *Cow Hitch*

タンカにストラップを取り付ける

ポールのタンカに肩掛けストラップを取り付け、腕と肩で支える。

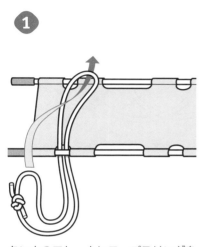

1

タンカのフレームにロープスリングを通す。

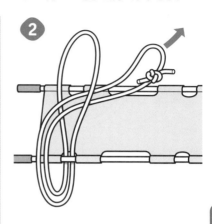

2

一方の先端をもう一方に通す。

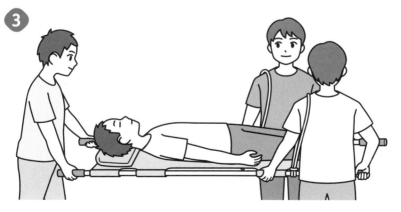

3

スリングを肩に掛ける。腕に掛かる重量が軽減されて、安全に搬送できる。

命綱結び

ロープを投げる 1

端にこぶを作り遠くへ投げるための重りに。結ぶ回数で大きさを調節。

1

先端を「止め結び」にする。

2

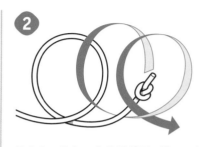

輪を3つ作り、交差部が互い違いになるように重ねる。

3

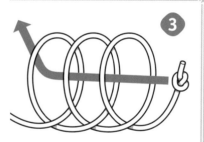

先端を3つの輪に通す。

4

元側のロープを引いて締める。

5

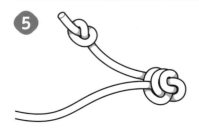

❷で作る輪の数を増やせば、こぶが大きくなる。

6 こぶの部分が重りになって、先端部を遠くへ投げられる。

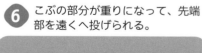
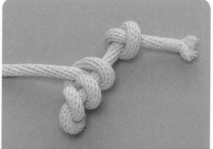

 止め結び ➡ P8

ロープを投げる 2

ロープを折り返す長さと巻き付ける回数でこぶの大きさを調整できる。

1

端を2つ折りにし、元側からロープに巻き付ける。

2

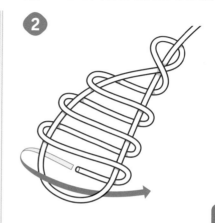

端を折り返したロープに巻き付けていく。

3

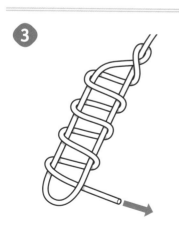

端を折り返しの先端部に通す。

4

元を引くと、巻き付けたロープが締まる。

5章 レスキュー

負傷者を高所から下ろす

大きさが変えられる2つの輪をわきの下とひざの裏に回す。

1 ロープを2つ折りにして折った先で輪を作る。

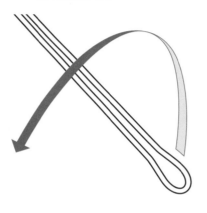

2 輪に2つ折りにした先端を通す。

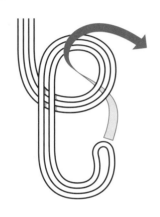

3 先端部に二重になっているロープを通す。

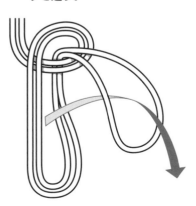

4 先端の輪を矢印のように後ろへ回す。

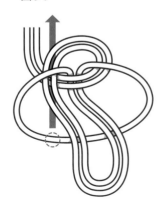

5 後ろにある輪が小さくなるので、それを結び目の上に上げる。

8 輪を2つに広げて完成。

6 元と輪を引っ張って結び目を締める。

体を支える方法

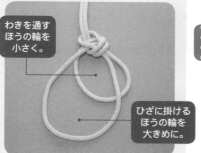

わきを通すほうの輪を小さく。

ひざに掛けるほうの輪を大きめに。

7 輪の大きさを調整しながら形を整える。

小さい輪をわきの下に回し、大きい輪をひざの裏に回して体を支える。

連続8の字結び

縄ばしごを作る 1

ロープに複数のこぶを作り、はしごの手掛かり、足掛かりにする。

1

図の矢印の向きに2回ひねった8の字を連続して作る。30〜40cm くらいの等間隔で作るとよい。

2

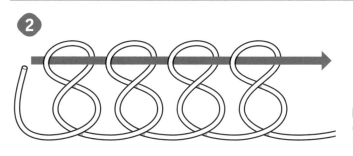

図のように8の字の上の輪に端を通す。

3

元と端を引っ張ると次々と8の字結びができる。

縄ばしごを作る [2]

ロープの中間に手足を掛ける輪を、30～40cm間隔で作る。

1

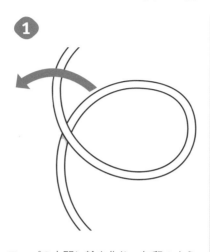

ロープの中間に輪を作り、矢印のように輪をずらす。

2

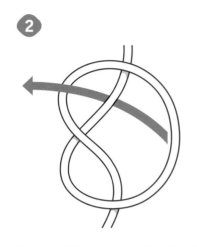

ずらした箇所にできたすき間に輪を通す。

5章 レスキュー

3

輪と元を引いて締める。

4

30～40cmの間隔で輪を作っていく。

自分の体にロープを結ぶ

渡されたロープを自分の体に素早く結ぶことができる。

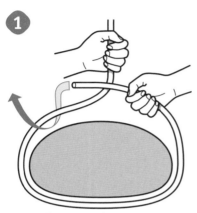

1

ロープを体に巻き、右手に端を持ったまま、左手で持った元を右手にからめる。

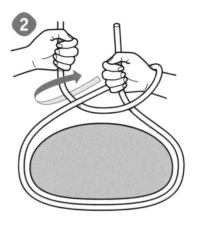

2

元が右手首に巻き付いた状態にして、図のように端を元にからませる。

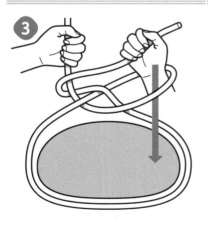

3

右手に端を持ったまま、右手を輪から抜く。

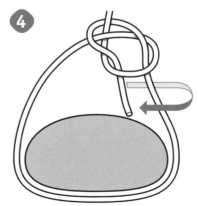

4

引き出した端を引いて締めると「もやい結び」になるが、締めずに余裕を持たせておく。

もやい結び ➡P18

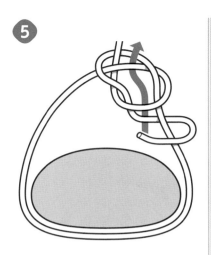

端を図のように下から通して出し、元と端を引いて締める。

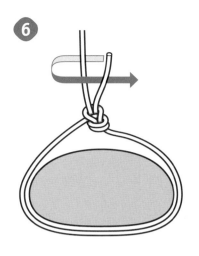

端を元に巻き付け、「ひと結び」にする。

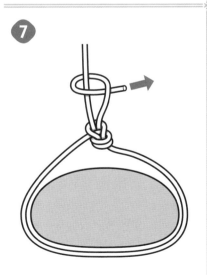

端を引いて結び目を締める。

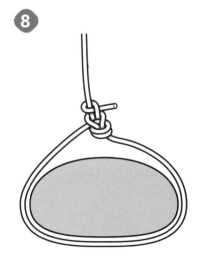

完成。練習を重ねると片手で素早く結ぶことができるようになる。

ひと結び ➡ P10 **215**

ロープで人を下ろすときなど、支点にするときの結び。

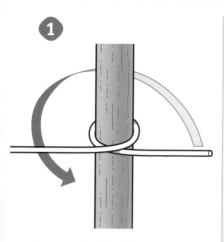

1

柱にロープを巻き付けて、先端を張ったロープの下に持ってくる。

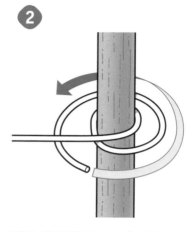

2

最初に巻き付けたロープの上からもう一度1周させる。

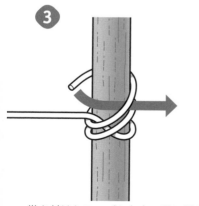

3

巻き付けたロープと丸太の間に端を通す。2周巻いてから「巻き結び」をしたかたちになる。

4

2本の巻き付け部分を寄せながら、両側から引っ張る。

柱にロープを結ぶ 2

「巻き結び」の後に輪を通して補強する。比較的短時間で結べる。

1

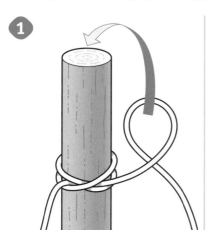

「巻き結び」をしてから、端で輪を作る。
輪の巻き方に注意。

2

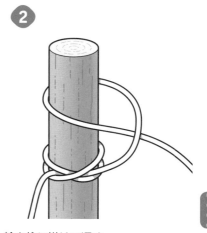

輪を柱に掛けて通す。

3

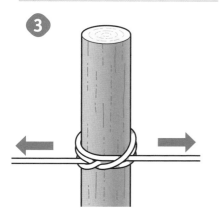

端と元を引っ張る。

4

完成。

5章

レスキュー

217

包帯を巻く 1

腕や脚などに、あまり張力をかけないで少しずつずらして巻く。

1

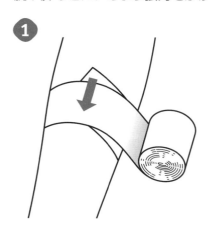

巻きたい範囲の端から始める。始端は斜めにして、少し余らせておく。

2

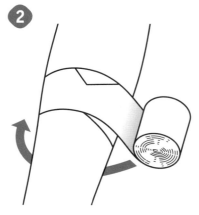

1周したら余らせた部分を折り返す。2周目でこの上を巻けばずれにくくなる。

3

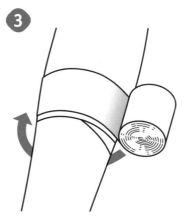

肌の上でロールを転がし、少しずつずらしながら巻いていく。

4

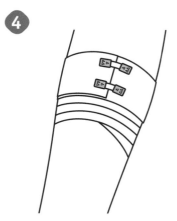

巻き終わったらテープや包帯止めで止める。

218

包帯を巻く 2

包帯を折り返しながら巻くと、太さが変わる部分にフィットする。

1

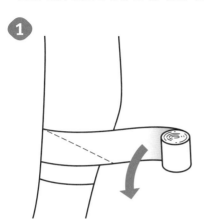

巻き始めの包帯を押さえながら1周巻いたら、図のように折り返す。

2

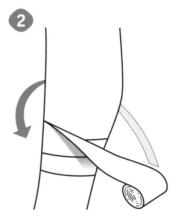

1周巻いてまた折り返す。これによって全体を覆いながら巻くことができる。

5章

レスキュー

3

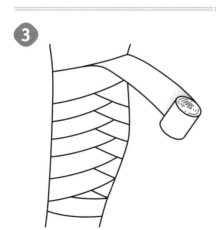

太さの変化に合わせて、折り返しの角度を調節するのがポイントになる。

4

最後は2〜3周同じところを巻いて固定。テープや包帯止めで止める。

包帯を巻く 3

指先から付け根へ巻く。患部が指の場合も手首まで巻くとずれにくい。

1

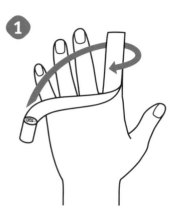

２つ折りの包帯を指全体にかぶせて保護し、折り返したら指先から巻く。

2

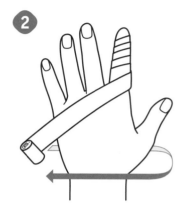

包帯の幅半分ずつずらしながら付け根まで巻いたら甲へ出し、手首を１周巻く。

3

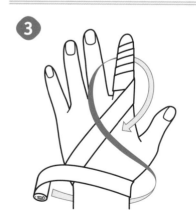

さらに半周巻いたら、指に掛けて巻き付ける。

4

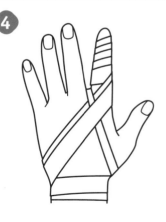

手首に２～３周巻いて端を固定する。

包帯を巻く 4

四指を揃え、手の平が縮まらないように巻く。きつく巻くと血流が悪くなる。

1

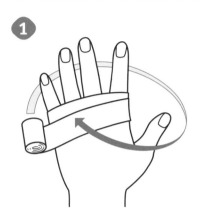

四指の付け根から始めて1～2周巻き、親指の付け根に掛けて巻く。

2

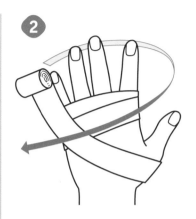

上へ戻して小指の付け根に掛けて巻く。

3

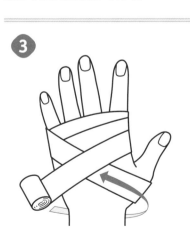

手首側へ少しずらして同様に数回巻いていく。

4

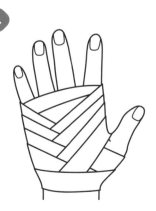

最後に手首を2～3周巻いて、テープや包帯止めで止める。

5章
レスキュー

221

包帯を巻く 5

包帯の幅が広いときは適度にカットして使う。

1

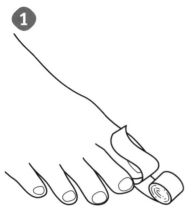

2つ折りの包帯をかぶせて指先を保護する。

2

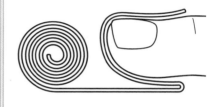

指の裏で折り返す。

3

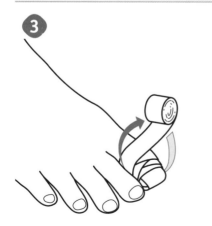

指先で折り返してから付け根に向かってらせん状に巻く。

4

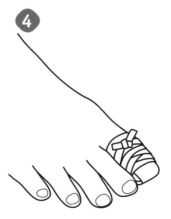

部位が小さく、包帯止めが使えないので、先端を裂いて結ぶ。

包帯を巻く ⑥

指側から少しずつずらして巻き、最後に足首に巻いて固定する。

①

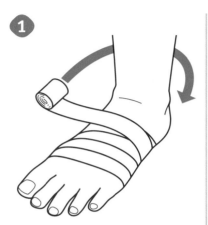

指側から少しずつずらして足の甲を巻き、甲を巻き終わったら足首に掛ける。

②

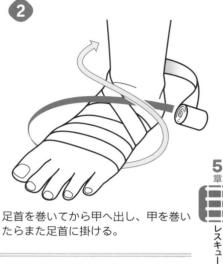

足首を巻いてから甲へ出し、甲を巻いたらまた足首に掛ける。

③

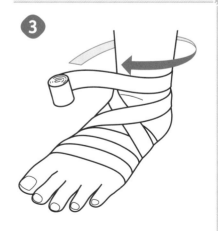

足首に2〜3回巻く。

④

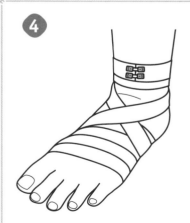

最後にテープや包帯止めで止める。

5章

レスキュー

包帯を巻く 7

ひじ・ひざの関節に巻く

包帯がずれやすい関節部分も、関節をはさんだ両側を交互に巻いていくとずれにくくなる。

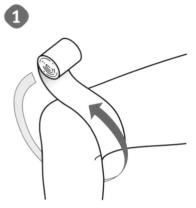

1

ひざを1～2周巻いたら、角度を変えて太もも側へ。

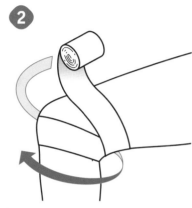

2

太ももを1回巻いたら、今度はすねへ。最初に巻いた包帯から少しだけずらす。

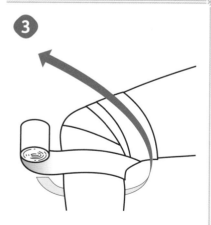

3

少しずつずらしながら、すね側と太もも側を交互に巻く。

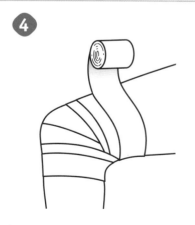

4

全体を覆ったら、テープや包帯止めで止める。

止血のしかた

切り傷やすり傷で出血したときは、まず**きれいな水で患部を洗う**。土や砂には細菌がいるため、清潔に保つのが大切だ。次に**止血**。**きれいなガーゼや布で、出血が止まるまで患部を押さえつける**。ティッシュペーパーは破れた繊維が傷口に入ってしまうので使わないほうがよい。

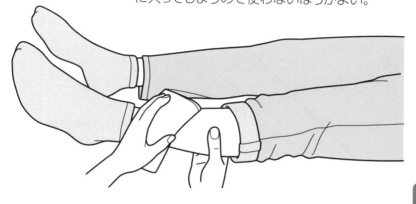

包帯の種類　包帯には次のような種類がある、部位、ケガの程度によって使い分けよう。

種類	特徴
伸縮性包帯	伸縮性があるので、関節に巻いてもずれにくい。通気性にも優れている。
非伸縮性包帯	通気性、吸湿性に優れている。伸縮性はないが、その分患部をしっかりと固定できる。
粘着包帯	生地に粘着剤が施してあり、患部を圧迫・固定するのに優れている。ねんざや打撲などの痛みを軽減する。
ネット包帯	ネット状の繊維を、あらかじめ筒型にしてある包帯。伸縮性があって、患部を通すだけなので使いやすい。

三角巾での応急手当 1

患部を十分に冷やした後、患部ができるだけ動かないよう固定する。
三角巾がなくてもバンダナなどの大きな四角い布があれば代用できる。

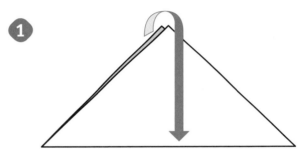

布の直角部を底辺に合わせて折る。

辺と辺を揃えて折る。

さらに2つ折りにして細長い包帯状にする。

 **4** 足首に巻く

 5

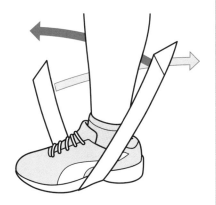

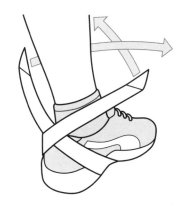

包帯状の三角巾の真ん中を土踏まずに当て、両端をアキレス腱の上で交差させる。

足首に巻き付けながら、前で交差させる。

 6

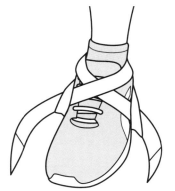

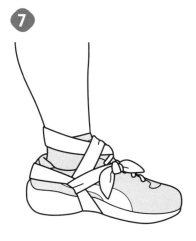

かかとの両側にある包帯と足の間に両端を通す。

包帯を引き締めて足首を固定し、足の甲で両端をしっかり結ぶ。

 5章

レスキュー

227

三角巾での応急手当 2

脱臼するとかなりの痛みがある。三角巾で患部をしっかり支える。

1

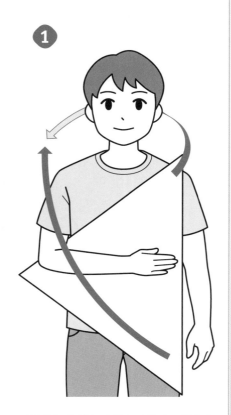

90度に曲げたひじを三角巾の真ん中に当て、両端を肩の上まで出す。

2

両端を首の後ろで結び、三角巾で腕を支える。ひじは三角巾の直角部で包み、端を結ぶかテープで止めるなどする。

頭をケガしたとき

三角巾での応急手当 3

頭部の出血部位に清潔なガーゼや布を当て、その上から三角巾で覆う。

1

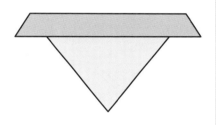

三角巾の長辺を数cm折り返す。

2

頭の上半分を覆い、折り返した長辺で頭部を巻いて両端を後ろへ出す。

3

三角巾を頭に密着させつつ両端で頭部を巻き、前で「本結び」で結ぶ。

4

後頭部で余った部分を、交差部に織り込んで固定する。

本結び ➡ P140　**229**

よろい結び Harness Loop

人力で自動車を牽引する

ロープの中間に何人かの人の肩に掛ける輪を作る。

1

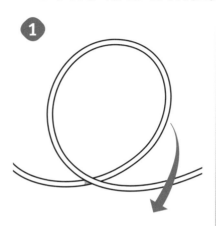

ロープを半分ひねって輪を作り、輪の下部を下へずらしてロープに重ねる。

2

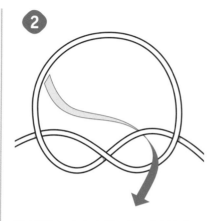

輪の下にできた空間に輪の上部を後ろから通して引き出す。

3

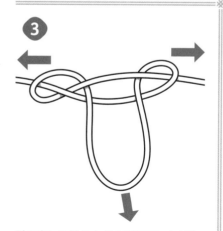

引き出した輪の大きさを調節しながら、両端を引っ張って結び目を締める。

4

故障車のような重いもの引くには、複数の輪を作って何人かで牽引する。

自動車で故障車を牽引する ①

車に強度の高いロープを常備しておくと、重量物を移動させるときや緊急時に役立つ。

1

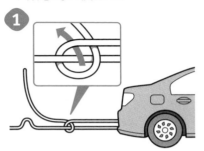

牽引車のフックにロープを通し、折り返したロープを元側のロープに巻く。

2

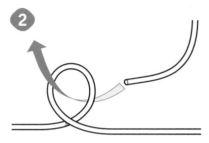

結び目の先で元側に輪を作って、端を通す。

3

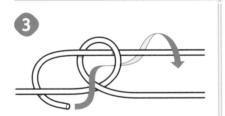

端を元にからめてから輪に通し、上へ出す。

4

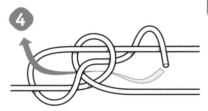

上のロープにからめてから、輪に通し引き出す。

5

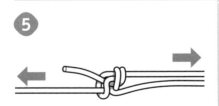

両側から引いて、結び目を締める。

6

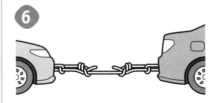

同じように、もう一方の端を故障車に結んで牽引する。

5章

レスキュー

231

自動車で故障車を牽引する②

ロープを鎖状にすることによって強度を上げる。

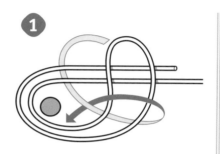

1 端を2つ折りにしてフックに掛け、「止め結び」にする。

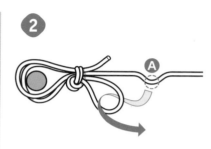

2 結び目の先にある輪にロープの元Ⓐを通す。

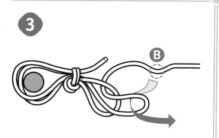

3 同様にロープの元Ⓑを輪に通す。これを繰り返す。

4 鎖状にすることによって強度を増すことができる。

もう一方の端の結び方は？

もう一方の車のフックにロープを縛りつけるときは、図のように結んでしっかり固定しておく。

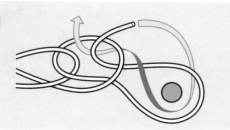

止め結び ➡P8

車の牽引

公道で故障車を牽引するときは道路交通法で定められた規則を守って正しく行うこと。

●停車するときは、ハザードランプを点滅させ、故障車の表示をしておく。また、発煙筒や停止表示器材で後続車に危険を知らせる合図をする。

●故障車にも免許証を持っている人が乗ること。

●牽引しようとする車のハンドル装置、ブレーキ装置、駆動系の装置が故障している場合は牽引しないこと。

●牽引車と故障車の車間は5m以内を保てるようにし、30cm平方以上の白い布をロープにつけること。

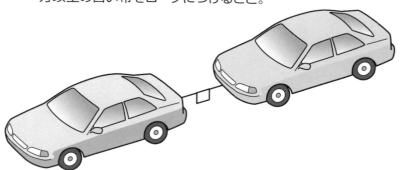

5章

レスキュー

牽引用ロープの注意点

▶牽引時にはかなりの力が掛かる。使用前には入念にチェックを行い、古いロープや傷がついているロープは使用しないこと。

▶傷がついたロープの場合、傷の部分を2つ折りにして「二重8の字結び」にすれば、傷のついた部分に負荷はかからない。

▶最後に結び目の締まり具合をチェックする。端に「止め結び」などでこぶを作っておくとよい。

▶牽引に使用したロープは大きなダメージを受けているので、見た目は問題ないようでも、内部で切れが生じている可能性がある。重量のかかる用途で再利用しないように。

二重8の字結び ➡ P21

なぜ「結ぶ」ことができるのか？

ロープを「結ぶ」ことができるのはなぜでしょうか。それはロープと接触する面に**摩擦抵抗**があるからです。

止め結び

（➡P8）

輪に1回ロープを通した簡単な結び。ほどきやすい反面、丈夫さに欠けるという欠点もある。

ロープ同士の接触面積が「固め止め結び」に比べて少ない。

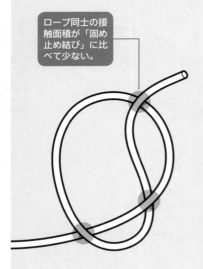

固め止め結び

（➡P9）

輪に2回ロープを通した結び。「止め結び」よりも摩擦抵抗が大きくなってほどけにくい。

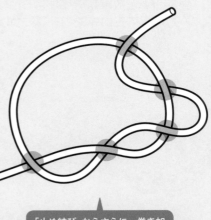

「止め結び」からさらに一巻き加えるとロープ同士の接触面積が大きくなってほどけにくくなる。

結び目を見ると、ロープ同士、またはロープと樹木などが接触しています。この接触している部分を「**摩擦面**」といいます。なぜ「**結び**」が成り立つかというと、摩擦面に抵抗が生じることで、ロープ同士、ロープやモノがお互いに押さえ合って動かなくなるからです。したがって、この**摩擦面が広い**ほど、つまり、**ロープ同士が複雑にからみ合っているほど、ほどけにくい結び**になります。

実用的なよい結びの条件とは？

結びは状況や**用途に応じて使い分ける**必要があります。たとえば、樹木にロープを結ぶときやキャンプで洗い物を干すときに使う結びと、登山で体を支えるときに使う結びは当然違います。次の**3つの条件**のうち、どれが**重要となるのか**を見極めて結びを選ぶとよいでしょう。

結びやすい

少ない動作で確実に結べることが大切。手順が複雑さ、結ぶのにかかる時間を考えて結びを選ぶこと。

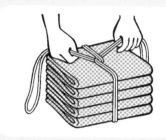

条件 2 丈夫で安全である

重い荷物を引き上げるなど、ロープにかなりの重量がかかる結びには、なかなかほどけない結びが必要。手順が簡単で覚えやすくても、用途に合っていなければ役に立たない。

条件 3 ほどきやすい

「結び」は、最終的には「ほどく」ことを考えに入れて行われる。一時的な使用の場合には簡単にほどけるかたちに、丈夫さも必要なときは「引き解け」のかたちにする、といった工夫が必要。

235

ロープ各部の名前を覚えよう

本書に出てくる結び方の説明には、次の言葉がよく出てきます。
それぞれの意味を覚えておきましょう。

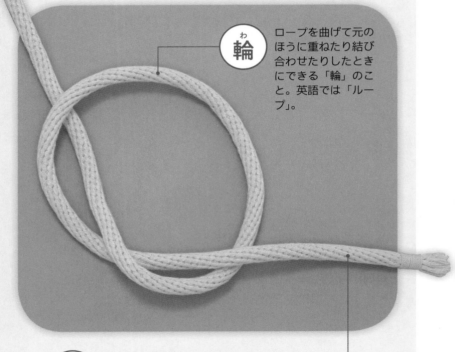

元（もと）
端に対して動かさない部分のこと。英語では「スタンディング・パート」。手順で「端を元のほうに交差させて…」などのように説明されている場合は、「端から見て元のほうに」という意味になる。

輪（わ）
ロープを曲げて元のほうに重ねたり結び合わせたりしたときにできる「輪」のこと。英語では「ループ」。

端（はし）
結ぶときに動かすロープの先端のこと。英語では「ランニング・パート」。ロープの端側の総称として「索端」「エンド」という言い方をすることがある。

結びの3要素を覚えよう

ロープやひもの結び方には、簡単なものもあれば、かなり複雑で時間のかかるものまで、非常にたくさんの種類があります。しかし、どの結び方にしても構成する基本的な要素はすべて同じで、次の3つの要素「掛け」「巻き」「縛り」をどのように組み合わせるかによって結び方が決まります。

これらの言葉は結び方の手順でもよく出てきますから、ここで覚えておきましょう。

要素
1
掛け

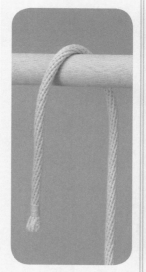

ロープの端を木材などモノに掛けて、曲がった形にした状態のこと。ロープに掛けた場合も「掛け」という。

要素
2
巻き

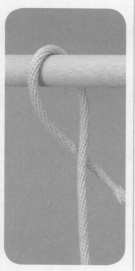

ロープの端を元のほうと交差させて輪を作った状態のこと。

要素
3
縛り

「巻き」から進んで、輪の中に端を通した状態のこと。

ロープの素材と用途

ロープに使われている素材は、**天然繊維**と**人工繊維**の2つに大きく分けることができます。どちらの繊維も長所と短所があり、用途によって使い分けることが必要です。ただ、現在では、ロープの素材の主流となっているのは人工繊維です。**一般的に人工繊維のロープのほうが天然繊維のものよりも強度が高い**ことは覚えておきましょう。

天然繊維 天然繊維とは、植物繊維のこと。木綿、麻などが使われている。

- 土中で腐食して土に戻るので、環境に優しい。

- 人工繊維に比べてやや硬い。

- 人工繊維に比べて耐水性が劣る。濡れると縮んで硬くなり、強度が下がる。

- 虫に食われたり、腐食しやすい。

- 同じ太さの人工繊維よりも弱い。

人工繊維 人工繊維のロープには、ナイロン、ポリエチレン、ビニロン、ポリエステル、ポリプロピレンなどが使われている。

- 天然繊維よりも軽く、柔らかい。

- 強度は天然繊維の1.5〜2倍あり、耐水性にも優れている。

- 熱や摩擦、紫外線などに弱い。

- 伸びが大きく、滑りやすい。

- 型崩れしやすい。

- 天然繊維ロープよりも値段が高い。

天然繊維ロープの種類と特徴

名 称	素 材	特 徴
木綿ロープ	木綿	柔らかく見た目が美しい。腐食しやすく、耐久性が低い。
マニラロープ	マニラ麻	天然繊維の中でも強度が強く、耐久性に優れている。軽く水に浮く。
ヘンプロープ	大麻 （ヘンプ）	白麻ロープともいわれる。非常に強度が高いが、水に弱く腐食しやすい。
タールロープ	大麻 （ヘンプ）	白麻ロープにタール油を染み込ませて耐水性、耐久性を向上させたもの。
サイザルロープ	サイザル （リュウゼツラン の繊維）	マニラロープやヘンプロープに比べて強度は低いが、木綿ロープよりは高い。白い。
紙ひも	紙	強度が高いクラフト紙（漂白していない紙）を使用したひも。安価だが、水に濡れると強度が落ちる。

人工繊維ロープの種類と特徴

名 称	素 材	特 徴
ナイロンロープ	ナイロン	人工繊維素材の中で最初に開発された。強度や柔軟性が高く、扱いやすい。摩耗しにくい。伸びが大きく、滑りやすい。水に浮かない。
PEロープ	ポリエチレン	耐水性に非常に優れている。軽量で強度が高く、伸びにくい。堅く、滑りやすい。結束しにくい。水に浮く。
PPロープ	ポリプロピレン	軽くて強度が強い。三つよりになっているものが多い。ナイロンロープ、PEロープに比べると強度が低く、紫外線や熱に弱いが、比較的安価。水に浮く。
ビニロンロープ （クレモナロープ）	ビニロン繊維	屋外で使用したときの耐久性が高く、太陽光や温度、湿度、風雨などに対する劣化が起きにくい。

ロープの構造と各部の名称

アウトドアで用いられるロープは「**三つよりロープ**」と「**編みロープ**」に分けることができます。

三つよりロープ

糸のより方向とストランドのより方向を逆にすることで、強度を持たせている。

糸（ヤーン）

繊維（ファイバー）

ストランド

編みロープ

キャンプや登山で用いられるロープのほとんどがナイロン製の編みロープ。強度が高く、太さや長さのバリエーションが豊富。

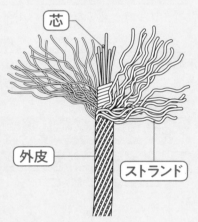

芯

外皮

ストランド

三つよりロープは、**細い繊維**（**ファイバー**）を何十本もよって作った**糸**（**ヤーン**）を何本もより込むことで**ストランド**を作り、さらにストランドを複数本より込むことで完成します。ヤーンのより方向とストランドのより方向は逆になっていて、これによってロープのよりがとけず、ロープに**強度**を持たせることができます。

編みロープは、編み方によって「**丸編ロープ**」「**角編ロープ**」など非常にたくさんの種類がありますが、**アウトドアで用いられるロープのほとんどは丸編**です。ロープ内部に**芯**となる繊維のまとまりがあり、それを取り囲むようにストランドを編み込んだ外皮があるのが一般的な構造です。

使用目的に合わせた太さと長さ、素材

ロープを選ぶときには、用途に合わせた**耐久性（安全性）**を最も重要視しなければなりません。特にアウトドアで使用するロープは、素材はもちろん、強度を左右する太さ、使用に足りる長さを考慮に入れる必要があります。

アウトドアのロープは必ず専門店で購入しましょう。DIYショップやホームセンターでも販売していますが、使用目的に適さないものを選んでしまう可能性があります。専門的な知識を持った店員に使用目的を伝えて相談し、適した商品を紹介してもらいましょう。

ロープと結びの基礎知識

登山やキャンプで使用するロープはアウトドア専門店で相談したうえで購入しよう。

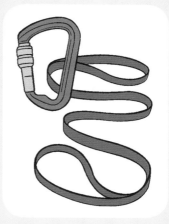

アウトドアではカラビナとスリング（⇒ P92）をザックに常備しておくと何かと役立つ。

日常生活で使用するロープも用途によって使い分けたほうがよいでしょう。ビニールひもは安価で梱包用、整理用によく用いられますが、滑りやすく、崩れないようにまとめるのに苦労します。紙ひもはビニールひもよりもやや高価ですが、少ない力でしっかり荷物をまとめることができます。また、環境に負担が少ないというメリットもあります。

ロープを正しく安全に使うために

キャンプや山歩きなど屋外で使うロープは点検や正しい使い方を徹底しましょう。

その1 使う前に必ず点検

ロープに傷や傷みがないか、また古くなっていないかを必ず確認しましょう。特にキャンプや山歩きに持っていくロープを確認する際、ロープを両手で引っ張りながら調べること。見た目では異常がなくても内部が切れていることもあります。

その2 ロープの端をしっかりと止める

どんなロープでも、端をテープやタコ糸などで止めておきましょう（「索端止め」という ➡ P244）。端を止めていないと、使用するたびにどんどんほつれてしまいます。

その3 ロープを直接地面に置かない

ロープを直接地面に置くと、泥が染み込んだり、砂や小石がロープの目に入ったりして、ロープを内部から傷める原因になります。どうしても必要な際は、ビニールシートなどを敷いた上に置くようにします。

その4 ロープに急激な力を加えない

ロープに急激な力を加えると伸びてしまったり、切れてしまったりします。保存状態がわからないロープをやむを得ず使う場合には、入念に点検をし、傷みのある部分を保護して使用しましょう。

その5 ロープに掛かる荷重とロープの強度を考える

荷物が重い場合は、ロープを二重にするなど、必ず補強をしましょう。どういったシチュエーションで使うものなのかを想定して、それにふさわしい素材、太さのロープを選ぶことも大切です。

その6 ロープを濡らして使用しない

ロープを濡らすと、人工繊維ではすべりやすくなるものがあります。また、天然繊維では強度が落ちたり、腐食が早まったりすることもあります。屋外で使うものは耐水性のあるロープを選びましょう。

その7 岩や立ち木に結ぶときは当て布を

岩など角のあるモノに結ぶときは当て布を忘れないようにしましょう。そのまま結ぶとロープが傷む原因になります。また、強い荷重がかかると、表皮がはがれてしまう樹木もあります。ロープを巻くときは自然保護にも注意しましょう。

索端止め 《ロープの端がほつれないようにする》

ロープを購入したときや必要な長さに切ったとき、切り口をそのままにしておくと、使用しているうちに端からどんどんほつれてきてしまいます。それを防ぐために「**索端止め（ホイッピング）**」という処理をします。索端止めには、ロープの材質や太さによってそれぞれふさわしい方法があります。

方法 1
テープで止める

簡単にできますが、強度に問題があるので、一時的な方法として使ったほうがいいでしょう。

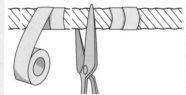

切断する部分を1〜2cm残してその両側にビニールテープなどを巻き付けてからカットする。

カットしたらテープの外に出ている部分をきれいに刈って完成。

人工繊維を 方法 2
溶かして止める

人工繊維ロープの場合、火であぶることで繊維を溶かして固める方法が使えます。靴ひも、小物のネックストラップならこの方法でよいでしょう。

切断した部分を火で軽くあぶり、溶かす。

少し冷ましてから、柔らかいうちに、指先でこねて固める。

方法 3 タコ糸で止める

非常に強く仕上げることができ、見た目もきれいです。タコ糸にはロウを染み込ませたものを使用すると、さらに丈夫に仕上げることができます。

1

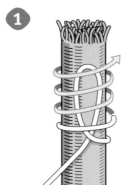

タコ糸を2つ折りにして図のようにロープに当て、きつく巻いていく。

2

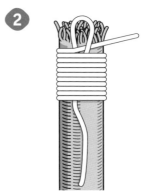

1cm程度巻き付けたら、糸の先端を輪の中に通す。

3

端を引っ張ると輪の部分が巻いた糸の下に潜り込む。

4

余った糸を切断して完成。

危険なロープは使用しない

ロープは消耗品です。古いロープや長い間使ったロープ、傷や腐食のあるロープは**使用せず処分する**か、フロアマットなど別の使用法を考えましょう。次のようなロープは危険ですから、生命に関わるようなところでは決して使用してはいけません。

 より目が乱れているロープ

「より目が乱れている※」ロープは強度が落ちている可能性があります。使用しないか、使用する場合は、より目が乱れているところを切除する必要があります。

 キンクができたロープ

三つよりロープがひねりと緩みを同時に受けてねじれた輪ができると、引っ張られたときに「く」の字型に曲がった「キンク」ができ、強度が落ちてしまいます。

 過荷重がかかったロープ

急激に荷重がかかったロープは見た目には問題なくても、内部の繊維が切れていることがあります。点検で大きく曲がる箇所があったら内部の切れを疑いましょう。

 傷や腐食が一部にあるロープ

一部でもストランドが切れていたりすり切れているロープは使用しないようにしましょう。傷や腐食の度合いが小さければ、そこを切除するなどして使用しましょう。

ロープを長持ちさせる保管方法

ロープは保管場所、保管方法に注意することで長持ちさせることができます。アウトドアで使用した後、車やザックに入れっぱなしにすることなく、適切な方法で保管する習慣をつけましょう。

ロープと結びの基礎知識

方法 1 使用後は点検

ロープを使った後は、汚れや傷がないかを確認しましょう。汚れや傷がひどい場合はその部分を切除するなどの処置も忘れずに。

方法 2 湿気、風、ほこりに注意

湿気やほこりのない風通しのよい場所に保管します。ただし、風に吹きさらされた半屋外のような場所は砂などが繊維に入り込む可能性があるので避けましょう。

方法 3 汚れはふきとるか洗浄する

軽い汚れなら、濡れタオルなどでふきとりましょう。ひどい汚れは、ぬるま湯に浸して中性洗剤で洗います。ブラシなどを使う際は、繊維を傷めないよう注意しましょう。

方法 4 直射日光が当たる場所での保管は避ける

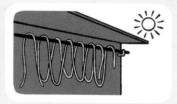

紫外線はロープの劣化を著しく早めます。日陰に保管することを心がけましょう。また、極端に高温、低温になる場所も避けましょう。

ロープをまとめる 《細く短いロープの場合》

テントやタープの細引きは手の平を使って小さくまとめると、かさばらないし絡みも少ない。形が崩れると絡みやすくなるので、手から抜くときは慎重に。

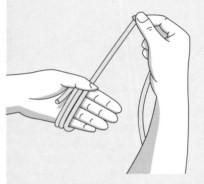

手の平に1列ずつていねいに巻き付け、端が少し残るまで巻く。

形が崩れると絡みやすくなるので注意。

手のひらから束を抜き、図のように端を束に巻き付ける。

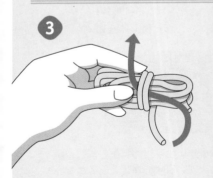

最後に端を図のように通す。

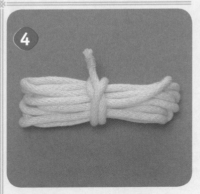

端を強く引いて結び目を締める。

ロープをまとめる《長いロープの場合》

手早くロープをまとめるには親指と
ひじに掛けるようにして巻いていく
と同じ大きさの輪になる。巻き終わ
ったら端を結んで、ファイヤーマン
ズ・コイルやフィッシャーマンズ・コ
イルの形にまとめる。

ロープと結びの基礎知識

ファイヤーマンズ・コイル

1 端で輪を作り、端を束に巻き付けてから2つ折りにした端を輪に通す。

2 端を締めて完成。

フィッシャーマンズ・コイル

1 端で図のように束を巻く。

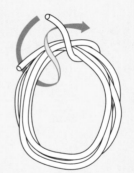

2 端を締めて完成。

ロープをまとめる 《さらに長いロープの場合》 1

結び名：折り返してまとめる方法

さらに長いロープの場合には両腕を広げてその長さでまとめるとよい。最後はフィッシャーマンズ・コイルの要領で締める。

1

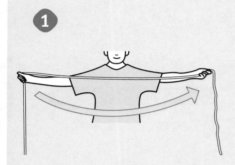

ロープを持って腕を広げ、利き手に持ったロープをもう一方の手に渡す。

2

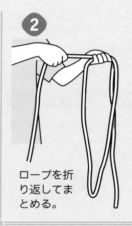

ロープを折り返してまとめる。

3

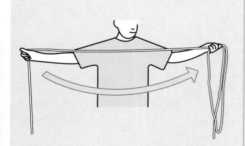

利き手に持ったロープをスライドさせながら腕を広げ、❶、❷を繰り返す。

4

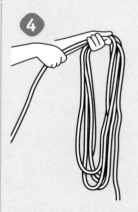

ロープがまとまったら端を「フィッシャーマンズ・コイル」などを用いて結ぶ。

ロープをまとめる 《さらに長いロープの場合》2

結び名：棒結び

多少時間がかかるが、ほどいたときに絡みにくい。

1

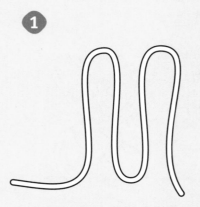

ロープの端を3～4回、均等な幅で折り返す。これをまとめて棒状にして巻き芯にする。

2

巻き芯の端のほうから巻いていく。このときロープの巻きにすき間ができないように。

3

芯の最後までしっかりと巻き付けていく。❶で折り返した長さで足りないときには、二重に巻いてもよい。

4

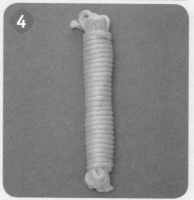

最後に端の輪の中に巻き終えた先端を通し、反対側の輪を引いて締め、固定する。

251

ロープをまとめる《さらに長いロープの場合》3

結び名：えび結び

ボーイスカウトで使われる結び方。ほどいたときに絡みにくい。

1
ロープを2つ折りにして図のように持ち、右手で持っているところを矢印のように動かす。

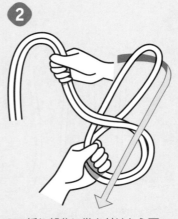

2
2つ折り部分に巻き付けたら下へ出す。

3
同様にして最初の8の字に沿って巻いていく。

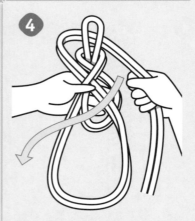

4
すき間のないようにていねいに巻いていく。

5

端が短くなったところで巻くのを止める。

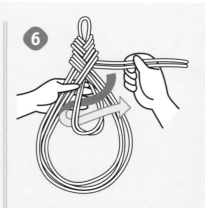

6

端を矢印のように輪の中に入れる。

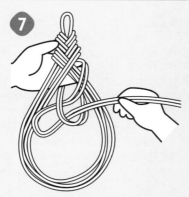

7

折り返した部分が輪に入った状態にする。

8

上に出ている輪を引いて締める。

9

形を整えて完成。上の輪をフックに掛けて保管する。

さくいん

あ行

あぶみ縛り ······················· 74
編みロープ ······················ 240
井の字掛け ······················ 150
命綱結び ························· 208
インライン・フィギュアエイト・ノット ··· 95
内掛け結び ······················ 110
馬つなぎ ························· 77
裏十字 ·························· 180
裏二の字 ······················· 181・182
えび結び ························· 252
円形マット結び ··················· 190・191

か行

垣根結び ··················· 143・147・182
角縛り ························· 72・184
掛け ···························· 237
固め止め結び ····· 9・29・107・126・234
固め結び ························· 176
かます結び ················· 141・147・161
カラビナ ····················· 92・94・99
簡単結び ························· 112
キの字掛け ··············· 148・156・157
キンク ·························· 246
杭結び ·························· 50
鎖結び ·························· 232
クリンチ・ノット ·················· 115
クレムハイスト・ノット ·········· 53・97
外科結び ··················· 142・149・151
腰掛け結び ······················ 210
粉屋結び ························· 164

さ行

サージャンズ・ノット(釣り) ····· 123・128

索端止め ····················· 242・244
シェル・コイル ··················· 248
自在結び ························· 32
始端止め ························· 136
縛り ···························· 237
深海結び ························· 117
人工繊維 ························· 238
筋交い縛り ····················· 70・186
スパイダー・ヒッチ ················ 127
スペインもやい結び ··············· 56
スリング ····· 92・93・94・96・97・98・105・200
外掛け結び ······················ 111

た行

たが結び ························· 197
ダブルユニノット ·················· 130
卵形マット結び ··················· 192
縮め結び ··················· 16・17・42・43
チチワ結び ······················ 131
ツエルト ························· 104
テグス結び ··· 15・36・41・53・58・86・188
てこ結び ················· 13・49・75・179
電車結び ························· 124
天然繊維 ························· 238
登山靴の靴ひも ········· 82・83・84・85
止め継ぎ結び ·············· 39・88・102
止め結び ···· 8・10・15・28・49・51・64・86・93・107・118・120・139・167・188・205・232・234
トラッカーズ・ヒッチ ··· 46・104・106・162
トリプルエイト・ノット ············ 122

な行

投げ綱結び ······················ 209
二重始端止め ··················· 137・143
二重テグス結び ·········· 40・189・202

二重止め結び ・・・・・・・・・・・・・・・・ 20・158
二重8の字結び ・・・ 21・26・62・78・100・
105・233
二重はな結び ・・・・・・・・・・・・・・・・・ 84
二重巻き結び ・・・・・・・・・・・・・・ 12・216
ねじ結び ・・・・・・・・・ 51・60・68・70・186
「の」の字掛け ・・・・・・・・・・・・・・・ 138

は行

ハーネス ・・・・・・・・・・・・・・・ 98・100
端 ・・・・・・・・・・・・・・・・・・・・・・・・・・ 236
バタフライ・ノット ・・・・・・・ 23・54・55
8の字結び（釣り）・・・・・・・・ 114・125
はな結び ・・・・・・・・ 14・84・85・156・169
ハリソンズ・ループ ・・・・・・・・・・・ 121
パロマー・ノット ・・・・・・・・・・・・・ 118
ハンモックの結び方 ・・・・・・・・・・・ 78
引き解け結び ・・・・・・・・・・・・・・ 19・27
一重継ぎ ・・・・・・・・・・・・・・・・・・・ 37
ひと結び ・・・・・・・・ 10・60・89・160・215
ひばり結び ・・・ 58・86・94・105・107・207
びん吊り結び ・・・・・・・・・・・・・・・ 159
ファイヤーマンズ・コイル ・・・・・・・ 249
フィッシャーマンズ・コイル ・・・・・・ 249
フィッシャーマン・ノット（釣り）・・・ 126
フィンガー・ノット ・・・・・・・・・・・・113
ふじ結び ・・・・・・・・・・・・・ 93・98・204
二重継ぎ ・・・・・・・・・・・・・・・・ 38・203
ふた結び ・・・ 10・30・35・47・48・61・76・
90・91・105・106・153・158・160
フリーノット ・・・・・・・・・・・・・・・・120

プルージック・ノット ・・・・・・・・・・・ 96
棒結び ・・・・・・・・・・・・・・・・・・・・・ 251
ボタン結び ・・・・・・・・・・・・・・・・・・・ 195
本結び ・・・・・・・ 85・140・145・167・169・
171・172・174・205・206・229

ま行

巻き ・・・・・・・・・・・・・・・・・・・・・・・ 237
巻き縛り ・・・・・・・・・・・・・・ 64・66・68
巻き結び ・・・ 11・30・64・67・69・71・72・
73・90・160・178・184・187・217
丸包み ・・・・・・・・・・・・・・・・・・・・・166
三つよりロープ ・・・・・・・・・・・・・・・ 240
結びの3要素 ・・・・・・・・・・・・・・・・ 237
元 ・・・・・・・・・・・・・・・・・・・・・・・・・ 236
もやい結び ・・・ 18・34・44・45・214・231
モンキー結び ・・・・・・・・・・・・・・・・・196

やらわ行

柳行李結び ・・・・・・・・・・・・・・・・・・・ 152
ユニノット ・・・・・・・ 116・124・129・130
より目 ・・・・・・・・・・・・・・・・・・・・・ 246
よろい結び ・・・・・・・ 22・52・213・230
ラウンドターン ・・・・・・・ 48・91・104・106
漁師結び ・・・・・・・・・・・・・・・・・・・ 119
ループ・トゥ・ループ ・・・・・・・・・・・ 125
連続8の字結び ・・・・・・・・・・・・・・・ 212
ローズ・ダイヤモンド・ノット ・・・・・ 194
輪 ・・・・・・・・・・・・・・・・・・・・・・・・・ 236

デザイン・DTP：カラノキデザイン制作室　佐々木容子
イラスト：五十嵐宏、大久保亘、北嶋京輔、久保幸夫、斉藤ヨーコ、西野美和
執筆協力：西野編集工房

監修・編著者 (五十音順)

小暮 幹雄 (こぐれ みきお)

1945年、東京都生まれ。明治学院大学卒。1964年、ボーイスカウトとして米国派遣。67年、ボーイスカウト国際指導者養成機関の日本ギルウェル・コース修了。カナダ、米国、英国ボーイスカウト連盟にて研修。NHKまる得マガジン、NHK文化センター、ほかテレビ等で講師を務める。ボーイスカウト日本連盟リーダートレーナー、出版・広報委員、東京連盟副コミッショナー、理事等を歴任。The International Guild of Knot Tyers日本人初の会員。著書『ひもとロープの結び方テクニック』(小社刊)ほか40冊以上。
▶結びの基本、第4・5章、ロープと結びの基礎知識の監修を担当。

西野 弘章 (にしの ひろあき)

1963年、千葉県生まれ。国内外のあらゆるフィールドで、さまざまな釣りの楽しさを追求するフィッシングライター。著書・監修本：『週刊 日本の魚釣り』(アシェットコレクションズ・ジャパン)、『釣りの結び完璧BOOK 海釣り編』『世界一やさしい海釣り入門』(以上、山と溪谷社)、『はじめての釣り超入門』『防波堤釣りの極意』(以上、つり人社)、『ゼロからのつり入門』(小学館)、『いますぐ使える堤防釣り』(大泉書店)など多数。▶第3章の執筆を担当

羽根田 治 (はねだ おさむ)

1961年、埼玉県生まれ。フリーライター。山岳遭難や登山技術の取材経験を重ね、山岳専門誌『山と溪谷』や書籍などで発表する一方、沖縄、自然、人物などをテーマに執筆活動を続けている。ロープワークに関する著書・監修本も多い。著書・監修：『使える 遊ぶ 飾るロープワーク・テクニック』(小社刊)『山岳遭難の傷跡』『山のABC 基本のロープワーク』(以上、山と溪谷社)など多数。▶第1・2章の監修を担当。

ひもとロープの結び方

監　修　小暮幹雄　西野弘章　羽根田　治
　　　　こぐれみきお　にしのひろあき　はねだ おさむ

発行者　深見公子

発行所　成美堂出版
　　　　〒162-8445　東京都新宿区新小川町1-7
　　　　電話(03)5206-8151　FAX(03)5206-8159

印　刷　株式会社フクイン

©SEIBIDO SHUPPAN 2021　PRINTED IN JAPAN
ISBN978-4-415-32985-7
落丁・乱丁などの不良本はお取り替えします
定価はカバーに表示してあります